禅の
アンサンブル

玄侑宗久

KK
ロングセラーズ

はじめに

エッセイの原稿は、依頼されて初めて書く。依頼主がどんな組織なのかを確かめ、その要望を聞き、そのうえで私のなかに湧き上がってくるものを書くのだが、これまでに書いたエッセイはどうやら千本を超えたようだ。じつにありがたいことだと思う。ありがたいのは確かだが、こういった書き方をしていると、一貫性がなくなるのではないかと、心配される方もきっといることだろう。しかしもとより私は人生に一貫性など求めてはいない。一貫しているのは私の体だが、それもじつは日々「行く川の流れ」のように構成要素が入れ替わっている。なんとなく私らしいまとまりを持った体が、周囲との接触や交渉によって「さまざまな私」を響かせる。その総体（アンサンブル）こそ、私の人生ではないだろうか。

原稿を書くたびに新たな刺激を受ける。時には資料を調べ、参考文献に当たることもあるが、多くは禅によって培われた考え方に拠って書いている。それでも普段は考えないテーマが多く、現実世界での禅の運用を検証されているような気がする。それがつまり本書を『禅のアンサンブル』と名づけた所以である。

人生を合奏曲（encemble）と名づけたのは、じつは私の発案ではない。あのカール・マルクス（一八一八～一八八三）なのだ。マルクスといえば『資本論』で知られる経済学者だが、じつは彼には哲学者や革命家としての側面もあり、「アンサンブル」発言は若き哲学者時代、「フォイエルバッハに関するテーゼ」においてだった。

最近は『資本論』以後の多くのメモまで研究され、晩年の彼はどうやらエコロジーの観点から、資本主義批判を繰りひろげたことも判ってきた。人生というアンサンブルは、時には途中でメンバーさえ変わる、辛うじて死によってまとまる冗長な曲なのではないだろうか。

ここに取り上げたエッセイは、二〇〇二年から二〇〇六年までの執筆で、発表された媒体はさまざまである。野村総研の『未来創発』の連載をはじめ、各種新聞もあれば『文藝春秋』『新潮』などの雑誌、また週刊誌もあり、東本願寺や曹洞宗など他宗からの要請で書いたものもある。扱った時間も私の少年時代から遺言まで、むやみに広がってしまった。

全体を八章に分け、それぞれに「楽しむ」と名づけて振り分けてくださったのは海竜社の美野晴代さんである。つまりアンサンブルとしてのまとまりは、ひとえに彼女の仕事によって発生したと云えるだろう。

このたびＫＫロングセラーズから再刊の声をかけていただき、恥ずかしながら改題して再びのお目見えとなった。読み返してみて思うのは、つくづく我々人間は、進歩などしていないのではないか、今も同じ問題に悩んでいるのではないか、ということに尽きる。一つのテーマを深く追い求めるような本ではないが、散歩を楽しむつもりでお読みいただければ幸甚である。

令和五年一月大寒波の日に

玄侑宗久　謹誌

もくじ

二章　自分を楽しむ

三章　仕事を楽しむ

六章　暮らしを楽しむ

七章　日本人の心を楽しむ

八章　この世とあの世を楽しむ

一章　思いどおりにならないことを楽しむ

自律と他律

私の勝手な認識かもしれないが、禅僧ほど他律的な押しつけを嫌う人種はいないかもしれない。

唐代の百丈《ひゃくじょう》禅師という方は、八十歳を過ぎても畑で鋤《すき》をふることをやめなかったため、弟子たちがその身を案じて仕事道具を隠してしまった。すると禅師は、働くのもやめた代わり、三日も坐したまま食事にも出てこなくなった。理由を訊《たず》ねた弟子に、禅師は「一日作《な》さざれば一日食らわず」と答えたという。

要するに、いくら心配してとはいえ、自分の生き方を他人にとやかく云われることは耐えられない。今風に云えば、禅師はハンガーストライキに及んだのである。

同じような言葉に「働かざる者、食うべからず」があるが、これは禅師の場合と違い、働かない他人に向かって誰かが云うわけだから、まったく意味合いが違う。禅師の大嫌いな他律のほうだろう。

しかし人が集団で暮らし、あるいは一緒に仕事をするという場合、他律的な決まりはどうしても必要になる。郷に入れば郷に従うわけで、いわば規則そのものが郷の在り方を示すことになる。

我々のいた道場では、大原則は「和合第一」と「火の用心第一」、どちらが本当の第一か判らないほど、双《ふた》つながら強調された。

そして当初は他律的に出発したそれらの原則を、心から納得することで自律的な行動原理に転換させた。すべての社会生活上の規則も、そのように内在律に転換することで活《い》かせるのだと思う。

しかしどうもこのところ、他律的な細々《こまごま》した決まりが増えすぎているような気がする。実感がもてないため、それらは自律的な原理に転換できないまま、うるさいだけの制約になっている。

しかもどうやら、それが安心だと感じる人が増えているようなのだ。これもマニュアル文化の一種だろうか。

なかには自分の行動についても細々と計画する人がいて、たとえばデートでも自分の予定通りにコトを進めたがる。映画を観《み》たあとは一時間ほどぶらついて食事場所まで歩き、それからワインはあれを飲んで、それから……。じつに緻密な計画を立てるのである。

しかし彼女は散歩の途中で突然ＣＤが買いたいと云いだし、ＣＤ屋さんに寄っているうちに計画が齟齬《そご》をきたしてくる。焦りが生じ、イライラしてくる。そこで「彼女と楽しく過ごしたい」という当初の大前提を忘れ、不機嫌になる男もいるらしいから困ってしまう。自分を安心させるための細々とした計画で、却って不安や苛立ちを作っているのである。

しかもこれと同様のことを、会社組織などで上に立つ人間がしてしまうのだから救いようがない。管理者としての不安を除くために作った綿密な決まりを、実感のもてない社員すべてに強要しようとする。社員は恋人じゃないのだから、なおさら困ってしまうだろう。

決まりや計画が綿密であることを、けっして自律神経は喜びはしない。もっとザックリいい加減なほうが、変化に応ずる彼等の見せ場も多く、張り切って元気になれるはずである。

臨済禅師は「喧《さわがしき》を厭《いと》い静《しずけさ》を求むるは外道《げどう》の法なり」と云った。極端だが、規則も含めて環境に神経質になるより、どんな環境にも応ずる自律性を信じよ、ということだろう。

禅僧ならずとも、一律で細かすぎる決まりなどないほうが活き活きできる。行き当たりばったりでも応じられる自律性を、誰でももっているはずなのである。

冬は寒いか涼しいか

このところ地球が温まっているらしい。先日テレビで視たところでは、この百年で地球全体の気温は〇・七度あがり、日本全体では一度あがり、東京に限れば三度もあがっているということだ。異常に暑かったり寒かったり、世界が変調をきたしているようにも感じるこの頃だが、ここで申し上げたいのはそういう問題ではない。

道元禅師がこんな歌を詠まれている。

春は花　夏ほととぎす　秋は月　冬雪冴えて涼しかりけり（『傘松道詠集《さんしょうどうえいしゅう》』）

ここで禅師のおっしゃる「冬の涼しさ」とは何か、ということである。

へそ曲がりな、いや、マットウな感覚からは、冬は寒いもんじゃないか、と思うだろう。夏の涼しさなら気持ちもいいしありがたいが、冬が涼しいと云われたらヤセ我慢と感じる人もいるのではないだろうか。あるいは、鎌倉時代も温暖化の傾向があったのか、なんて考える人もいるかもしれない。

しかし「寒さ」と「涼しさ」とは、じつは根本的に違う状況なのだとご理解いただきたい。それは温度の差なのではなく、温度が低いという現状を、その人がどう受けとめているか、という違いなのである。

現状に否定的、つまり温度が低いことを嫌がっていれば「寒い」となるし、場合によっては「凍えそうだ」なんて云うこともあるだろう。

しかしその寒さを肯定し、どこかで楽しむ気分であれば「涼しい」と表現される。つまり「涼しい」と思えれば「寒さ」も和らぐのである。

じっさい我々禅僧は、炎暑の夏でも「あったかいですね」なんて挨拶する。これも「暑い」と云う場合とはまったく違ったニュアンスになることは、ご理解いただけると思う。

仏教では、独立した主観も客観もじつは認めてはいない。暑さも寒さも、それを感じる主体との出逢い、あるいは「できごと」としてのみ存在していると考えるのである。私も涼しさも、「縁起」のなかにある、と云い換えてもいい。

当然、道元禅師のあの歌では、その「縁起」を楽しむ境地が表明されている。花やほととぎすや月に対しては何も言及されていないが、我々はそれらを肯定的に楽しんでいる禅師のお姿をありありと浮かべることができるだろう。

現状を肯定してしまっては地球の温暖化はどうするのか、と突っ込む人もいるだろうか。その心配も理解できるが、まずは落ち着いて肯定的に世界をみまわすことで、具体的な智慧も湧き出てくるのだと思う。

五月病と阿弥陀さま

よく「五月病」などと云われる。

たとえば学校なら受験という張りつめた時間が終わり、会社でも新しい職場環境に変わる四月。期待や緊張感でその月はなんとかもったとしても、次第に期待どおりでない部分が見えてきたり、あるいは以前の環境ではそれなりに保たれていた自信が、周囲を知るにつれて凋《しぼ》んできたりもする。これまでの強烈な目標に変わる目標がもてなくて、五月くらいにそんな症状が起こってくるのではないだろうか。

五月と云えば「木の芽どき」とも云われる。人がこれまでと違った行動に出たりすると、「木の芽どきだから」などと云われたりもする。つまり五月は、もともと人間の精神状態が不安定になるときなのだろうか。

そんなこんなを考え合わせてみると、どうも五月病は、人工的に方向づけようとする私という自然の、ちょっとした反乱なのではないかと思えてくる。

新芽が出てくるこの季節は誰が見ても生物の成長期に当たる。内部で少しずつ蓄えられてきたエネルギーが、一気に噴出する時期と云ってもいいだろう。植物の芽の出方を見ればわかると思うが、その生長は本来無指向性である。人間が「こうあるべき」と思う方向にばかり伸びるわけではない。だから人間たちは、それから暫《しばら》くすると「剪定《せんてい》」などという調整を始めるのである。

本来は人間も、そうした植物と同様に無指向性の成長を遂げる生き物だと思う。つまり犬や猫などと同じように、本当はただ元気に生きているだけなのである。

犬や猫などには、どうも我々のような「目標」なんてなさそうだ。むろんネズミを追いかけるとか、縄張りに入った別な犬を追い払うとか、そういう小さな目先の目標は彼らだってもつ。しかし彼らは、たとえばもっと速く走ってたくさんネズミが獲《と》れるように夜中に訓練するとか、あるいは生活環境改善のために犬小屋を自分で掃除するようなこともない。ただあてがわれた環境を素直に受け容れ、犬として猫として、自然に暮らしているだけなのだろう。

考えてみると、小さな目標だけをもつ、というのが彼らの幸せの秘訣ではないだろうか。人間はこの小さな目標だけでは飽き足りず、中くらいの目標とか大きな目標を立てる。

大きな目標というのは、たとえば「優しい人でありたい」とか「愚痴は云わない」などというように、たぶん少し大雑把だし、慣れればそれほど窮屈でもないだろう。

しかし中くらいの目標というのは厄介だ。

あの学校に入りたい。あの会社で、こんな仕事がしたい。そんな具体的なものこそ目標らしいし、我々の生活に最も強く影響を与える。しかしじつはこれが日々の生活を、どこまでも人工的なものにしていくのである。

受験のためには視《み》たいテレビも視ず、友達とも会わず、食事の時間さえロスと考えてできるかぎり切りつめていったりする。いわば受験に集中していくのであり、集中していけば、それ以外は「見ざる云わざる聞かざる」でも誉《ほ》められたりする。

そんな人工的すぎる時間が長く続くはずもないことは、親も子も本当は知っているのだろう。しかし暫くの我慢だから、とやり過ごすのだ。なかにはこの時期に、早々に耐えられなくなる人もいる。いわば自然が強い人かもしれない。しかしそれを耐えて中くらいの目標に勝利した人は、その後に無指向性の自然の生命力の揺り戻しを受ける。それが五月病ではないだろうか。

それまでの人工的すぎる生活を、大方の勝利した人は肯定しているのだろう。だからまたしても中くらいの人工的な目標を探そうとするのだ。

しかし自然としての体も心も、本来はそんな縛りは欲していなかったのだと思う。人間は大脳皮質の前頭連合野《ぜんとうれんごうや》と云われる部分で、常に「自己」という纏《まと》まりが求められているらしい。その際に、なにかの目標に向かっている存在、というのは、とても括《くく》りやすいのだろう。どうしても人間は、苦しいと予想しつつもこの中くらいの目標を掲《かか》げてしまう生き物のようなのだ。

ただ生きている、と思えたら一番強い。

しかしそうは思えないから、目標をもつのである。

「いろは歌」では「有為の奥山今日越えて」、と謳《うた》われる。

有為の奥山とは人生そのものの喩えだ。つまり人は無為自然に生きたいと願っても、目標によって有為と感じないでは生きていけない。そして有為なる目標に近づくことを、奥山を登るように上昇することだと謳っているのだ。

奥山を越えると、阿弥陀さまが現れる。迎え受けてくれる。それは目標を目指す自力の末に他力に出逢うことにほかならない。

そう考えると、目標をどうしてももってしまう人生も、最後には肯定されるのだとわかって安心する。要は、本来は無為自然であり、目標なんてものは人工的なはからいだとはっきり知りつつ、「方便」として意識的に目標を掲げることだろう。

どうしても四月以前の延長として五月を見てしまうかもしれないが、じつはあなたの立っている場所はすでに以前の道の続きではないのかもしれない。

新緑の、奥山の景色をもう一度よおく眺めてみることだ。景色が変化したのは盛んな生命力のせいだ。まずは小さな目標だけを見て歩きはじめてみる。そうすれば、やがて嫌でも中くらいの目標まで見つかってしまうだろう。それで貴方は安心するに違いないが、もっと大切なのはときどき目標のない時間に戻ること。それが「ナムアミダブツ」の時間である。

思えば五月は、阿弥陀さまに近づくチャンスなのだ。

職場ストレスと般若心経

編集部から、「ビジネスマンと般若心経」というテーマでの依頼があったのだが、いったいビジネスマンとその他の人々は、何がどう違うのだろう。

直観的に思うのは、ビジネスマンは厳密に計画どおり事を進めなくてはならない、と思い込んでいる、ということだろうか。

むろん主婦にだって、緻密《ちみつ》な計画はある。その場かぎりの食事の段取りにも、買い物や実際の調理、そしてほかの仕事との配分など、じつに立体的な計画があるのだと思う。

しかし主婦や子供などの場合、その仕事がどの程度全体の歯車になっているかを考えると、けっこう独立自尊である。その時の気分で多少の変更は可能だし、場合によっては買い物の現場で料理の品目を変えても誰かが甚大な被害を被《こうむ》るわけではない。子供はもっと極端で、たとえば頼まれたことを忘れて道草をくってしまっても、叱られる程度でなんとかなってしまうのである。

ビジネスマンは、それが命取りになる。本当はなんとかならないこともないのだが、それを云ったらビジネスじゃないと、みんなが思っている。何がなんでも今日中に仕上げる、今月のノルマを達成する、それを至上命令として、多少の状況変化はモノともせず、あくまでも当初の計画どおり事を進めようとするのである。

農業者と比べてもその点は不自由だろう。環境や天候などに左右されやすいのはむしろ農業のほうなのに、彼らはそうした思わぬ出来事に慣れている。雨が降れば作業は延期、台風が来れば計画を進めるまえに修復と、想定外のことが頻繁に押し寄せてくる。しかし彼らにすれば、想定外もじつは想定内なのである。雨が降りつづいても、彼らは案外明るい。明るく諦めている。

諦めず、しかも計画どおり遂行できずに暗くなっているのが、最近のビジネスマンではないだろうか。おそらくその最も大きな理由は、彼らが諸行無常の世界を計画や予定という想定のうちにむりやり押し込め、しかも自分自身のことも想定内の存在として見くびっているからだろうと思える。

最も明るくあきらめるべき事柄が、仏教者にとっては「空《くう》」と呼ばれる。それについて書かれた経典が『般若心経』である。

簡単に云ってしまえば、空とは、あらゆる現象が縁起のなかで生起し、無常のうちに変化するということ。つまり、何事にも「それ自体」ということがない、ということだ。

だから本当は、今月初めの計画も今朝立てた予定もすでに過去の残骸であり、そんなことを考えた自分だって変化している。

しかしこれを実感するのはとても難しい。ビジネスマンならずとも、みな「わたし自身」を信じ、役職や立場という縁で結ばれた虚像を実体であるかのように演じつづける。しかも本来は時と場合に応じて無常に演じ分けるべきところ、硬直した「わたし自身」のまま家に帰り、食事中でもお風呂でもそのままで通そうというのだから不自由きわまりない。いつも変わらぬ確かな「わたし自身」を構築しようとする真面目な人が、それに失敗してウツになったりもする。

思えば日本では、戦後教育のなかで「個性」が強調されすぎてきた。それが「わたし自身」をより強固にし、より執拗な「苦」を作りだしているのだと思う。

「苦」からの解脱《げだつ》こそ釈尊《しゃくそん》の終生のテーマだったわけだが、なにより釈尊の偉大さは、「苦」は「わたし自身」が感じていると発見したことだ。つまり「苦」から解放されるには、「わたし自身」を溶解させればいいのである。

「わたし自身」という個性は、あくまでも結果についての呼び名にすぎず、自然の分身としての「自分」は本当はどのようにでも変化できる。いや、今も休みなく変化しつづけているのだ。そのことを、『般若心経』は「色即是空《しきそくぜくう》」と説くのである。むしろ「色」とはこの場合、過去の集積としての「わたし自身」だ。

ならば過去から飛び立ち、窮屈な「わたし自身」から解放されるためにはどうすればいいのか。

釈尊は、ひたすらに瞑想を勧めた。メディテーションである。

しかしこの方法は些《いささ》か専門的な訓練を要する。そこで仏教が大衆化した頃に、もっと簡単な方法を提唱する人が現れた。それが『般若心経』に説かれる呪文《じゅもん》だったのである。

『般若心経』の特異性は、なにより釈尊が一度は否定した「呪文」の効果を、最大限に謳いあげたことにあるだろう。

「ぎゃーてーぎゃーてー〜」という最後の呪文だけでなく、じつは『般若心経』の全体が暗記して唱えるべき呪文なのである。

暗記した何かを唱えるという文化は、戦後は極端に軽んじられてきた。我々の世代が教わったのは、いつも「思考」は素晴らしいという話ばかりだった。なるほど思考とは、常に過去を材料に選択的に展開されるから、いわゆる一貫性のある安定したアイデンティティーがそれによって導かれるのだろう。

しかし考えてみていただきたい。禅の修行とは、死ぬほど叩かれながら、わざわざ無「思考」を訓練し、そうした作り物のアイデンティティーを溶解させようとしているのである。言葉が深い沈黙から湧き出すように、「思考」もじつは直観的に無「思考」の渾沌《こんとん》から染み出てくるほうが素晴らしいのだと、仏教は考えている。いや、仏教だけでなく、それはインドのあらゆる宗教、そしてキリスト教やイスラム教にも共通した認識ではないか。

実際、暗記して唱えてみていただくとご理解いただけると思うが、暗誦している最中にはあらゆる「思考」を離れ、「わたし自身」の好悪やさまざまな判断も休止している。感覚は却って鋭敏になり、よく見え、よく聞こえているのに、なんの価値判断もしていないのだ。

ここでわざわざビジネスマンのために『般若心経』を説くのは、普段「わたし自身」としてあらゆる価値判断を迫られ、計画遂行に献身するビジネスマンにこそ、そのような無「思考」の時間をもっていただきたいからだ。

じつを云うと、その効果はお経じゃなくとも同じである。会社で思い悩み、部屋の隅で『般若心経』を唱えだしたのでは同僚に気持ち悪がられるのが関の山だろうから、ここでは落語の「寿限無」にしてみよう。

ご承知のように「じゅげむ」とは、誕生した子供にできるだけ長生きしそうな目出度い名前をつけてほしいと頼まれた和尚が、ちっとも決定的な名前を云わない。そこで和尚が口にした名前を全部連ねておけば間違いなかろうと、ひときわ長い名前になったわけだが、間違いなくこれらの名前は音韻が中心に考えられている。つまり、唱えやすいような音が選ばれているのだ。

だいたい、「寿限無」じたい、「ことぶき限りなし」と解説されるのだから、意味からすれば「寿無限」のはずではないか。しかしそれでは発音しにくいから、「じゅげむ」になったのである。

全体を一応紹介しておこう。

「寿限無《じゅげむ》、寿限無《じゅげむ》、五劫《ごこう》の擦《す》り切《き》れ、海砂利水魚《かいじゃりすいぎょ》の、水行末《すいぎょうまつ》、雲来末《うんらいまつ》、風来末《ふうらいまつ》、食《く》う寝《ね》る処《ところ》に住《す》む処《ところ》、藪《やぶ》ら小路《こうじ》ぶら小路《こうじ》、パイポパイポパイポのシューリンガン、シューリンガンのグーリンダイ、グーリンダイのポンポコピーのポンポコナーの、長久命《ちょうきゅうめい》の長助《ちょうすけ》」

和尚はそれなりに意味を解説するのだが、そんなものはアテにならない。古典的典拠など殆んどなく、ただゴロがいいから作られたこじつけのような言葉だ。

しかしこの、ゴロがいい言葉を唱える機会が一日に何度もあることの重要さを、この和尚はよ〜く承知しているのである。

たいていはこの子供、親の願いどおり、健康にすくすく育ったと語られるのだが、そのことと、このお経のような無意味に長い名前は、たぶん無関係ではない。江戸時代の落語作者の意図はいざ知らず、少なくとも私にはそう思えるのである。

一度この名前をすっかり覚え込み、暗誦してみてほしい。そして、何かにつけて家庭内でこの名前を唱える場面を想像してみていただきたい。

腹が立って子供を叱ろうとしても、たいがいこの名前を唱えているうちに気分は平静になってしまうだろう。逆に昂奮《こうふん》したり感激しても、唱えるうちには冷静で淡い感慨に移行するだろう。つまりそこには、穏やかで平和な家庭が、いつしか実現してしまうのである。

そう、このリズミカルな音の連なりを発語するうちに「わたし自身」の輪郭はどうやら次第に薄くなってくる。なぜなら、思考し、喜怒哀楽を感じる「わたし自身」は暗誦の際には邪魔にしかならないからだ。たぶん暗記した音を再生する主体もそれを聞く主体も、「わたし自身」ではない何者かなのだろう。

「寿限無」でさえそうなのだから、まして況《いわん》や『般若心経』をや、である。あのお経は音もいいが意味も深甚《しんじん》である。本当は子供のように素直に、ただ無意味に覚えて再生してほしいものだが、知的なあなたにそれは無理だろうから、まずは意味を知り、それからじっくり暗誦することで意味を超えていただきたい。

無思考な時間が、最良の判断を導く……。あなたはこれを、信じますか？　信じるなら、「寿限無」から『般若心経』に進んでください。

心ころころスピンも涼し

「心」という心臓の象形文字を、「こころ」と読んだ我々日本人の祖先は秀逸である。「心」はどうもコロコロと跳ね回って捕まらず、厄介な代物と考えられていたようにも思える。

しかし「コロコロ」という音は、聞きようによっては楽しそうだ。滝壺で転げ回るボールを思い浮かべてみよう。たとえば赤いボールが、およそ規則性を悟らせないほど自由に跳ね回っている様子が浮かぶ。もともとどう動くか分からない水の動きに、ボールは何の思惑もなく即して動く。そこには一瞬の隙《すき》もない。一分の思いもない。

この状態を、「遊」と呼ぶのである。

ところが人間は、どうも遊ぶのが苦手のようだ。本来「遊」という動詞は「神」だけを主語にしたのだから仕方ないことではあるが、遊べずに「思う」から、そこに「苦」も生まれるのである。

「思う」とは、「今」から居なくなることだ。

「今」だけに即することで、ボールは水に遊ぶことができる。しかし、もうすこし弾めばよかったとか、ちょっと右へ行ってみたかったなど、余計なことを思ったばかりに目前の水が見えなくなり、さっきまで遊んでいた水に、溺れたりもするのである。

フィギュア・スケートの選手に、素人のリポーターが質問する場面を見たことがある。「あんなに速く回転して、目が回らないんですか」

すると選手が答えた。「いつも回転する先へ先へと目線を移動しつづければ大丈夫。それと、見た映像を、記憶しないことですね」

滝壺のボールと同じように、一瞬一瞬になんの思いももたず、しかもそれを記憶しないことが大事だと云う。一つの画像を目が追った途端、それは記憶され、すぐさま過去になる。過去から一気に「今」に戻ろうとするから目が回り、失敗するらしいのである。

生きることが、フィギュア・スケートのスピン並みだなんて、大袈裟《おおげさ》に聞こえるかもしれない。しかし実際、人は過去にこだわり、見えもしない未来を想定するから、その落差を思い、弾めなくなってしまうのである。

「今」に居つづける訓練として、仏教は瞑想や坐禅や念仏などを発明した。もしも興味があるなら、是非とも適切な指導者のもとで実践してみていただきたい。

ここでは、それよりもっと簡単に、誰にでもできる方法を紹介したい。聞くとがっかりするかもしれないが、その方法とは、お経を丸暗記してそれを唱えることである。

ご承知のように、戦前は当たり前に行われていた丸暗記が、教育現場から消えて久しい。当時記憶させられたのは、「教育勅語」や「軍人勅諭」あるいは歴代天皇の名前だったから、終戦とともに丸暗記そのものもアナクロだとして撤廃されたのだろう。

しかし丸暗記という行為、そして暗記した内容を声にだして再生することは、人間の脳の使い方、知の在り方として極めて貴重なものなのである。ためしに『般若心経』など暗記してみては如何《いかが》だろうか。

やってみると分かるはずだが、暗記した音の連なりは、一旦その意味を思いはじめると必ず間違う。ちょうどフィギュア・スケートのスピンのように、その記憶は一瞬先だけが浮かぶ状態で再生されつづけるのだ。

むろん、この先間違えないだろうか、といった不安にも再生が妨げられることがある。角を曲がったあとの景色は、曲がってみれば分かるはずだと安心し、とにかくひたすら目の前の「今」を歩むのが読経《どきょう》なのである。

不思議なことに、読経中は心がなくなったように鎮まり、しかし感覚や生命力は強まっていくような気がする。意味を学ばずに暗記するのは無理だ、という現代人には、拙著『現代語訳・般若心経』（ちくま新書）をご一読のうえ暗誦することをお勧めしたい。

省エネ思想としての仏教

基礎代謝率という数字がある。いろいろ別な基準もあるようだが、たとえば体重一グラムが一日に消費するエネルギーという基準では、これが低いほど長生きだとされる。ネズミが七〇カロリーであるのに対し、アフリカゾウはわずかに二・五カロリー。ちなみに『ゾウの時間　ネズミの時間』（本川達雄著・中公新書）にもあるとおり、ゾウもネズミも五億回の呼吸、二十億回の心拍を終えるとほぼ寿命がつきるという。

むろん生きているということは、エネルギーを消費するばかりでなく、ときには注入され、また発電もするのだろう。効率的にエネルギーを使うことが長寿の条件とも思われるわけだが、わけても無駄なエネルギーを如何《いか》に使わないで済ませるか、という問題は、人間にとっても、生の長さだけでなく、質をも左右する重要な課題ではないだろうか。

アフリカゾウは七十八年、インドゾウ七十年という最高齢が今のところ確認されているが、長寿ばかりではなく、特にインドではゾウが尊敬されている。アフリカの百獣の王はライオンかもしれないが、インドではゾウがその地位にある。お釈迦さまを身籠もったマヤ夫人《ぶにん》は白象の夢を見たと云われるし、経典にもしょっちゅう「森の中の象のようにひとり歩め」と出てくる。サイもそうだが、ゾウはふだんの鷹揚《おうよう》でゆったりした態度と、優しげな眼差し、そしていざというときの義憤の如き怒りも含めて、尊敬されているのだろう。

基礎代謝率の低いゾウの特徴は、おそらく滅多に怒らないことだろう。まぁ本当のところはわからないが、少なくとも我々にはそう見えるのである。

怒りほど、エネルギーを無駄に使う行為もない。

お釈迦さまは、生老病死そのものを「苦」と見る人生観を提案した。「苦」で当たり前、常態と見るわけだから、ストレスはずいぶん緩和される。もしかすると、これもゾウを見ていて思いついたのではないかと思うことがある。旱魃《かんばつ》もあり、藪《やぶ》で足をケガすることだってあるだろう。それでも淡々と歩くゾウの姿に、「苦で当たり前じゃないか」と思ったとしても不思議ではない気がするのだ。

人間にはしかしゾウと違い、キリのない＊渇愛《かつあい》という欲望がある。それが「苦」を複雑にし、どうしても満たされない渇愛のせいで、怒ったり悲しんだり、無駄なエネルギーを発散するのである。

その解消法としてお釈迦さまが提案したのが、おそらく「色即是空」という考え方である。

周囲のあらゆるものだけでなく、自分の考えさえも、実体がないと思えるほど流転しつづけている。本当の意味で現実と呼べるのは、無限の関係性のなかでの一瞬の出来事だけだ。

意識の焦点を「今」という一点に絞ると、たいがいのことは次の一瞬にはすでに変化している。存在しつづけているのは、頭の中に残る部分的でしかも変質した記憶にすぎない。

それは*パーリ語ではパパンチャと呼ばれた。日本では「戯論《けろん》」と訳されたが、要するにあらゆることを概念化し、固定化しようとする脳機能の作ったものだ。

「色即是空」とは、そのパパンチャを捨てよという教えなのである。

「今」この瞬間に、なにか大問題があるかどうか、それだけを気にすればいい。過去の悩みも、今は存在しない。将来への不安も、頭にでっちあげたパパンチャだから捨てるのだ。そうすると、ほら、たった今は何の不安も問題もないと気づくだろう。

過去を思い悩み、未来を勝手に描いて不安になるのは、これ以上ないほどのエネルギーの無駄遣いなのである。

悩みも不安もなければ人間は身心ともに充実する。そうなると、発電も行なわれ、宇宙のエネルギーまでもいただいてしまうのかもしれない。

まあしかし、そうはいっても、怒りだけは誰でもなかなか克服できない。ゾウだって、怒ったら怖いらしい。

お釈迦さまは、そんなときは自分の死を想えとおっしゃったらしい。自分がまもなく死ぬという場面だとしても、今怒っていることはそんなに許せないことか、と見直す。すると、たいがいのことは許せてしまうということだろう。

しかし大抵の人は、自分の死をそんなに具体的に思い描けはしないだろう。また、今は起きていないそんなことを想うことこそ、エネルギーの無駄ではないか、という意見もありそうだ。しかし本当は、それをきちんとすることで、その後の暮らしが信じられないくらいの快適省エネライフになるのである。

*【渇愛】（仏教語）渇して水をほしがるように凡夫が五欲（財・色・飲食・名〈名誉〉・睡眠を求める欲望）に愛着すること

*【パーリ語】スリランカ・ミャンマー・タイなどで仏典に用いた言語。

聊《いささ》か化《け》に乗ずる

孔子先生は、五十で命を知る、つまり自分が如何に生きるべき存在なのか、五十歳になったらわかったとおっしゃった。ところが私はまだ四十九歳。だからというわけではないが、天命など訊《き》かれても困る。

いや、だいたい人生を一貫したものとは考えていないから、人生への一貫した姿勢もないのだ。生きていくことは変化に次ぐ変化の連続。受験時代と今とで、同じ自分だなんて思えない。

ところが人は歴史が好きだから、あの頃の苦労が実って、などと過去の延長上に今を考えたがる。

しかし実際は、今また受験しなくてはならないことになれば、似たような苦しさを体験するだろう。苦労した甲斐あって、ただもう受験などしないだけのことだ。

受験の時や恋愛の最中、あるいは修行時代に共通する志などあっただろうか。案外そうした事態になる前段階で、あると思い込んでいたから苦しかったのかもしれない。しかし渦中に入ってしまうと苦しくもなくなり、その代わり孔子先生の云う志も、見いだせないのだった。

その後私は、孔子の云う志とは別な志の在り方を荘子《そうじ》から学んだ。それからぐっと、生きるのが楽になった気がする。もしかすると道場でそのことは薄々感じており、それを言葉で示されたのが『荘子』だったのかもしれない。

有名だからご存じの方も多いかと思うが、『荘子』の斉物論篇《せいぶつろんへん》の最後に「胡蝶《こちょう》の夢」と呼ばれる話が載っている。「昔、荘周《そうしゅう》、夢に胡蝶と為れり。栩栩然《くくぜん》とまいて胡蝶なり。自ら喩《たの》しみて志に適《かな》えるかな」と始まる。

つまり、荘子（荘周）は蝶になってひらひら飛ぶ夢を見たわけだが、その蝶になった状態を「志に適う」と楽しんでいるのだ。ところでこの志、いったい誰の志だろう。荘子は、むろん胡蝶の志という意味で書いている。つまりここから我々は、自分が蝶か、蝶が自分か、などと惑っていないで、どっちの場合でもその立場の志になって楽しめばいいのだという荘子の声を聞き取る。受験の時は受験の、恋愛の時は恋愛の、むろん失恋の時には失恋の志に従い、頑張ったり盛り上がったり悲しんだりすればいいということだ。

ちなみに荘子は、こうした命の現れ方を「物化《ぶっか》」と云う。そこには病気も死も、あるいは死後も含んでいると考えていいだろう。どんな展開があろうと、その状態での志に従えばいい。予《あらかじ》め心配する必要などないとおっしゃるのである。

こうした思想は六朝《りくちょう》*の陶淵明《とうえんめい》にも受け継がれる。彼はそれこそ受験に明け暮れ、公務員として二十九歳から官位につき、県令にまでなるが、肌に合わなかったのだろう、やがて官位と都市を捨て、田園の家に戻って農業や詩作を楽しんだ。彼がその実家に戻る道中に書いたと云われる「帰去来《ききょらい》の辞《じ》」は、次のように結ばれる。

「聊《いささ》か化《け》に乗じて以って尽くるに帰し、夫《か》の天命を楽しんで復《ま》たなんぞ疑わん」

むろん冒頭は、有名な「帰りなんいざ、田園将《まさ》に蕪《あ》れなんとす、胡《なん》ぞ帰らざる」である。

田園の問題はここでは措《お》くが、ここで云う「化」とは、勿論《もちろん》荘子の云う「物化」のことだ。変化に乗じ、寿命が尽きるまで自然に任せ、疑うことなくその時々の天命を楽しむと宣言しているのだ。

これが私の人生観、と云ったらズルイだろうか。

本当のことを云うと、私はたぶんこの考え方をベースに、ときどきは孔子の云う志も抱いたりしながら、ゆらりゆらりと暮らしているのだと思う。ゆらりは「物化」の特徴かもしれない。その「化」に乗じるのだから、当然私もゆらりとしてくる。

ところで若い頃の自分に辛くあたるように、孔子先生に分の悪い書き方をしてしまったが、孔子先生はやはりただ者じゃない。『論語』述而篇《じゅつじ》には「五十にして易《えき》を学べば大過無かるべし」とある。

つまり孔子も、世界の変化を見据え、変化に乗ずるべく『易経』の研究にのめり込んでいったのである。易とは『易経』だが、本来は変化を意味する。

さあ来年は五十だ。変化に乗ずるべく、諸行無常と開き直っていないで「易」でも学ぼうか。

しかしなぁ、大過無い人生が佳《よ》いのかどうか、それもわからないしなぁ……。ひとまず今は陶淵明に倣《なら》い、「聊か化に乗じて以って尽くるに帰す」と申し上げておこう。なんとなくこの「聊か」もかっこいいではないか。聊か需《もと》めに応じ、申し述べた次第である。

*【陶淵明《とうえんめい》】六朝《りくちょう》時代の東晋の詩人。名は潜または淵明、字を元亮ともいう。諡《おくりな》は靖節。江西の人。下級貴族の家に生れ、不遇な官途に見切りをつけ、四十一歳のとき彭沢県令を最後に、「帰去来辞」を賦して故郷の田園に隠棲。平易な語で田園の生活や隠者の心境を歌って一派を開き、唐に至って王維・孟浩然など多くの追随者が輩出。(三六五〜四二七年)

二章　自分を楽しむ

豊饒

子供のころ、よく空飛ぶ夢をみた。あまり離陸の場面は記憶になく、気がつくとすでに青空を気持ちよさそうに飛んでいた。

たいていは、眼下に豊かな田園風景が見下ろせた。果物の稔《みの》った丘や、花で覆われた山など。そして決まってその後、松の木の下あたりに檜風呂のような湯船が見えてきて、お湯が満々と湛えてあるのだ。何という好都合と思いながら私は舞い降り、そして辺りに人影はないから、ひとり燦々《さんさん》と陽光を浴びつつ入浴するのである。

そんな夢をみなくなったころ、今度は毎晩のように黒豹に乗られる夢をみるようになった。以前とはうってかわってあまりにも苦しい。金縛りで横たわった自分の上に、黒豹の体重も毛の感触も、そして息づかいまでリアルに感じられるのである。

二十代の終わりに道場に入ると、その悪夢もみなくなった。いや、ほとんどどんな夢もみなくなったと云っていい。その代わり、それまで夢でしかみなかったことも、たいていは現実に経験しているのだと気づいた。むろん現実に空を飛んだのでもないし、黒豹に乗られたわけでもない。ただ、同じような気分は、そっくり味わった気がするのだ。

夢が未来の体験を先取りしてくれなくなった今、私はなぜか瞑想するようになった。それは未来ではなく、もう一つの現在だ。自分の望む姿をリアルに思い描き、その詳細なイメージのなかに自分も含める。あとは夢のように流れるに任せ、もう一人の自分のぼんやりした観察に任せればいい。豊かな展開を期待するなら、そこには善悪や美醜といったジャッジを持ち込んではいけない。

瞑想していると、現実だと思い込んでいる悩みや苦しみは溶けだし、逆にとんでもない僥倖《ぎょうこう》にも遭遇する。だから何が非現実的なのか、判らなくなる。そういうわけで、現在はあらゆる可能性を開示しながらどんどん豊饒になるのである。

個性病から立ち直って

自分の国の伝統や文化に自信がもてず、やたらに外国の真似《まね》ばかりしつづける国に暮らす君たちは、本当に大変だと思う。

ちかごろ君たちのなかには、普段は真面目な学生なのに、ときどき派手な恰好《かっこう》で盛り場を同伴で歩き、それはべつにかまわないけれど、二つの人格に解離《かいり》して、その間の行動を覚えていない人がいるそうじゃないか。精神科のお医者さんは「解離」こそ現代日本人の病態だというけれど、それはもしかしたらこの国の病名じゃないだろうか。

新潟で天災にあえぐ人々を救いながら、イラクでは人災を作る国を手助けし、片方では地球環境保全を訴えながら、一方ではどんどん外国に工場を建てていく。これが解離でなくていったいなんだろう。

だいたい君たちは、小さいころから「個性」を求められすぎてきた。アイデンティティーがあると信じ込まされてきた。少しばかりできる教科や技能を個性だと思い込み、ひたすらそれを伸ばしてはみたが、就職しようにも募集がない。

もしかすると、あらためて総合性を目指す君たちの様子が、大人たちには病気に見えるのかもしれない。

どうかできるだけ早く「個性病」から立ち直り、本来のゆらぎつづける自己をそのまま肯定してほしい。八百万《やおよろず》の神という並列する価値観は、じつは君たちの中の無数の自己のことだ。無理なアイデンティティーを求めて解離するのは国家だけに任せ、君たちはもっと自由に変化を楽しんだらいい。

変化し、ゆらぐ君たちをまとめてくれるのは間違いなく君たちの体だろう。体には君たちの理性では理解しきれない力が眠っている。心の悩みや苦しみの多くは、体のしこりや歪《ゆが》みから生まれるものだ。

ついでに云うと、「未来を生きる」なんていうけれど、君たちが生きるのは常に「いま」だ。「いま」は感じ味わうことで君のものになる。思考を始めた君はすでに「いま」にはいないのだ。

とにかく何も考えずに没頭でき、しかも体を使うことを何か一つ、継続的にしてほしい。継続は習慣になり、習慣が体に染みつくとやがて品格が生まれる。

君たちの未来を拓《ひら》くのは、その品格なのである。

少年の神話、そして豊かな落差

けっして一冊の本で人生が変わったなどと思っているわけではない。話し言葉にしてもそうだが、ある言葉に感銘を受ける場合、たいていはそう感じるしかない状況が無数の縁によってすでにできていたのであり、その後にも、それを裏打ちするような出来事が続くものである。

そのように前置きすれば、私は北杜夫《きたもりお》さんの『幽霊』に、正直なところひどく感銘を受けたことを告白しよう。

初めて読んだ北さんの本は、たしか『どくとるマンボウ航海記』であったかと思う。

小学校低学年のころ、どちらかと云えばひょろりと痩せていた私は、三年生から始めた剣道のおかげで次第に筋肉がつき、中学に入るとむしろ逞《たくま》しい体つきになっていた。剣道部のバンカラな雰囲気にも合ったのだろうか、私は北さんの描く旧制中学のエピソードや航海中の船乗りたちの話に、よく声を出して笑ったものだった。

『どくとるマンボウ昆虫記』（新潮文庫）も『船乗りクプクプの冒険』（集英社）も、マンボウシリーズは全部読んだと思う。みな笑いながら楽しませていただいた。

笑いを交えた話が頭に染み込みやすいのは普遍の真理だと思うが、ちょうどマンボウシリーズの笑いにつられるように、中学二年くらいには北さんのマジメ系の小説も読むようになった。「羽蟻のいる丘」「牧神の午後」「霊媒のいる町」など、たぶんどくとるマンボウシリーズの著者の作品だと思うから、私は読んだのだと思う。

しかしご承知のように、北さんの面白系とマジメ系との落差はかなり大きい。まるで騙《だま》されたと思うほどの違いだろう。後に北さんは躁鬱病になり、躁状態と鬱状態の落差を自らドキュメントしてみせたりもしたが、このとき感じた落差は、むろんそういうものではなかった。筋骨隆々になってきた自分の中にも、ときおり弱々しい幼年期を感じることがあるように、人は幾つもの自己を抱えて生きている。そのことを、北さんは作品の幅によって静かに示してくれたのである。

折しも中学三年のとき、私は日本脳炎に罹《かか》った。これは私の半生でも結構大きな出来事だったと思う。なにしろ剣道で丈夫になったと自負していた自分が、四十日も学校を休んだのである。ある意味で、筋骨隆々、質実剛健路線を進みつつあった自分を、否応《いやおう》なく立ち止まらせる事件ではなかっただろうか。じつはその入院期間に出逢ったのが、『幽霊』だったのである。

端的に云えば、それは少年期の終わりに、少年期と、そして幼年期とを振り返る物語である。今思い返すと、『幽霊』が私の幼年期を膨らませ、まだ終わっていない少年期にもある方向付けをしたような気がするのだ。

「人は幼年期を、ごく単純なあどけない世界と考えがちだが、それは我々が逃れられない忘却という作用のためにほかならない。しかし、忘れるということの意味を、人は本当に考えてみたことがあるだろうか。なにか意味があって、人はそれらの心情を忘れさるのではなかろうか」。

北さんはそう書くのだが、つまりはさまざまな手法で、いわば男の子の幼年期の普遍的な物語がそこには紡がれていく。それは神話と云いたいほど、なんだか自分のことのように感じられたものだった。初めての長期入院中に、私はおそらく剣道少年としては括れない繊細で叙情的な幼年期を、『幽霊』によって憶《おも》いだした。いや、憶いだしたのではなく、じつは構築してしまったのかもしれない。

私は高校に入ると、一方では剣道に励みながら、他方では童話や短い物語を書きはじめた。それはまるで、北さんの面白系とマジメ系の両立にも似ていた。深刻そうに考え込む自分と、人を笑わせるのが好きなスポーツマンの自分が、なんの違和感もなく連れ添いだしたのである。そして北さんの作品を読んでいれば、そんなこと何もおかしくはないと思えた。

北さんはお医者さんでもある。当然『幽霊』の背後にも、精神医学的認識がある。また氏は、昆虫についても玄人はだしの知識をもっている。大袈裟に云えば、科学と文学がこれほどにしっとり折り合った作品群を、私はそれと意識せずに読んでいたのだろう。だから無意識に、私は科学と文学と宗教も、折り合うはずだと思いはじめたのだろうか。

もしもそうだとすれば、私は北さんの作品に、自分が意識する以上の影響を受けているのかもしれない。思えば『幽霊』のテーマも、幼時の無意識界への旅ではないか。

幽霊とは何を意味するのか、ここでは書かないが、私はときどき、なんだか自分の作品のタイトルのように懐かしく憶いだす。また私の禅的な著作と小説とのテイストの違いは、もしかすると「マンボウ」と「幽霊」の違いなのかと、思うこのごろなのである。

自然のなかの私

もうすぐお彼岸である。

お彼岸には、陰陽が相半ばし、太陽が真東から出て真西に沈む。この状態がニュートラルだからだろうか、人間も植物も、この時期にはからだが開くと中国では考えられてきた。

だから植物は春秋のお彼岸界隈に枝を伸ばし、人間もこの時期、病気が入りこみやすいのだという。

私のいた道場では、夜明けと日没の時間は必ず坐禅していた。これも、一日の陰陽が交代するその時間に、人は病気になると考えられていたからだろう。

つまりからだが開くということは、好いものも悪いものも入ってきやすいということなのだ。

そんな自然のサイクルが、今なお我々のからだに残っているとは思えなかった。しかし不思議なことに、たしかに道場にいる限り誰も風邪はひかなかった。休みをいただいて家に戻り、夜明けには熟睡、日没にはまだ動きまわっている、という状況のなかで、必ず風邪はひくのだった。

問題にしたいのは風邪のことばかりではない。

坐禅をしていると、呼吸とともにからだのあちこちに思いを致す。別な言葉で云えば、意識をからだのあちこちに動かす。そのことで、意識を置いたあたりが温かくなり、いわゆる気血が集まってくるのが自覚できた。

人体のトータル性と、そのなかを蠢《うごめ》くエネルギーみたいなものを感じるのだが、このエネルギーがいったいどこから来るのか、ということが私には気になる。そしてその際の、意識の働きもだ。

結論を申し上げてしまうと、トータルなのは人体ばかりじゃなく、この地球、いや宇宙全体なのだと、私は思う。その全体を、縦横に満たしつつ全てを繋げているエネルギーのようなものがあり、意識だけが、それと積極的にかかわるカギなのではないだろうか。

中国では「氣」と呼び、キリスト教圏では「精霊」と呼び、またインドの仏教は「シュ－ニャ」と呼んだもの。「シュ－ニャ」はやがて中国で「空」と訳されるが、それらは、自分と宇宙との有機的な繋がり、時間も空間も飛び越えた深い関わりを指した言葉ではないか。

お彼岸は、『*観無量寿経《かんむりょうじゅきょう》』にも『*観経疏《かんぎょうしょ》』にも、「死者の霊を弔う」期間だなんて書かれてはいない。結跏趺坐《けっかふざ》して身の内外とも「空」にし、「業相《ごっそう》等を知る」ことが大事だと説かれるのである。

簡単に云えば、自分の命をあらしめている無限の時間的・空間的繋がりを観想することだろう。ご先祖さまはそのほんの一部なのだ。

自然そのものがおかしくなってきている。最近の子供は、濁った羊水から生まれてくるのだと、婦人科のお医者さんに聞いた。

しかし自然保護の運動も、いかに自分が自然と深く関わっているか、という実感なしには続けようもない。その実感と、我々の意識の可能性を自覚するためにこそ、お彼岸は設けられたのである。

＊**【観無量寿経】**　浄土三部経の一。西域の畺良耶舎《きょうりょうやしゃ》の訳。一巻。釈尊が韋提希《いだいけ》夫人《ぶにん》に阿弥陀仏とその浄土の荘厳を説いたもの。観無量仏教。観経。

＊**【観経疏】**　善導《ぜんどう》大師（六一三～六八一。中国浄土教の大成者）著。『観無量寿経』の解釈を改めた書。法然に大きな影響を与えた。

唯心の浄土　猫の浄土

江戸時代の臨済宗僧侶、*白隠《はくいん》禅師という方は、じつに純粋で巨《おお》きな心の持ち主だったと思う。

ふつう、純粋というのは巨きな心とは両立しにくい。つまり純粋な人がある宗派に属し、真面目に励むと、ある種の狭量さに陥りやすい。それ以外は認めない、というふうになる人が多いと思う。

しかし白隠さんは、純粋でありながらどうにもこうにも巨きい。むろん接化《せつげ》の方便もあるのだろうが、とにかく「南無阿弥陀仏」も「南無妙法蓮華経」もＯＫ、また弁天さんや大黒さん、稲荷さんの絵まで多くの信者さんに描き与えている。

この人にはこれが効くだろう、という観音さまめいた方便力があったことも確かだが、どうも白隠さんは実際幅広くいろんなものを信じていたのではないだろうか。

幼い頃の天神さま信仰の影響などもあるのかもしれないが、こうした巨きさを身につけた一つのきっかけが、私は彼の「禅病」の体験ではないかと思う。

若いとき、白隠さんはあまりに集中的に禅修行に打ち込んだため、上半身が火照《ほて》り、動悸がして胸が締めつけられ、耳鳴りや幻覚にもずいぶん苦しんだらしい。それが「禅病」と表現されるのだが、これを彼は、「軟酥《なんそ》の法」および「内観の秘法」で治したという。

いずれもある種の瞑想法だが、ここでは映像的イメージによる軟酥の法ではなく、言葉を使った「内観の秘法」のほうをご紹介したい。

なぜこんなことを書きだしたのかというと、むろんそれが白隠さんの巨きさを作ったと思えるからだが、そこには「浄土」や「弥陀」という言葉が使われている。つまり、禅病を治すのに、白隠さんが阿弥陀さんや浄土の力を借りていることを、浄土宗の皆さんにご報告したかったのである。

ちなみにこの体験は、白隠さん自身の筆によって『*夜船閑話《やせんかんな》』や『*遠羅天釜《おらてがま》』などに書かれる。

それによれば、京都は白川あたりの白幽子《はくゆうし》という仙人に教わったというのだが、これはどう考えても怪しい。仙人といえば道教の達人だと思えるが、その言葉は、そういうものとは思えないのである。

ともあれ、唱えつつ心を集中していく文句を、次に紹介しよう。

一、わがこの気海丹田腰脚足心《きかいたんでんようきゃくそくしん》、まさにこれ、わが本来の面目、面目なんの鼻孔かある。
一、わがこの気海丹田、まさにこれ、わが本分の家郷《かきょう》、家郷なんの消息かある。
一、わがこの気海丹田、まさにこれ、わが唯心の浄土、浄土なんの荘厳《しょうごん》かある。
一、わがこの気海丹田、まさにこれ、わが己身《こしん》の弥陀、弥陀なんの法をか説く。

いかがだろうか。

道教の考え方とも矛盾はしないだろうが、そうだとしてもすでにそれは白隠さんの言葉に翻訳されているのではないだろうか。

私自身、道場での坐禅中にはよくこの言葉を無音で唱え、そのイメージを必死に描こうとしたものだった。

最初の「気海丹田腰脚足心」という言葉で意識を下腹部から足先まで巡らし、吸った息を下半身にゆっくり押し込んでいくつもりで深い呼吸を繰り返す。自分の求める本来の面目とは、その下腹部のように、目鼻口などの感覚に左右されるものではないと、自覚するのである。

次には自分の故郷を憶いだすのではなく、この下腹部にある「もわん」とした温みこそ、自分の命の故郷だと思う。そこからどういう便りがあるかと問うのだが、ただただこの「もわん」が広がっていくだけだ。

三番目はいよいよ「唯心の浄土」である。

下腹部の充実感は自ずから頭を清涼にしてくれる。その下腹部の充実に浄土を感じようというのだ。「浄土なんの荘厳かある」と唱えると、なぜか日によってさまざまなイメージが現れる。しかしいずれにしても絢爛豪華でもないし、宝石に飾られてもいない。宇宙と自分が一体になったその「もわん」とした辺りが故郷だろうか。最後に「己身の弥陀」。宇宙と一体になった自分自身が、阿弥陀如来ではないかと観想するのである。その体からは当然に光を発し、優しい光で世界を包んでいく。

初めからこんなイメージでしていたわけではないが、とにかく繰り返しこれらの言葉を唱えているとそんな感じになる。そうして、じつに安らかで巨きな気分になるのである。

己身の弥陀など、浄土宗の人々には抵抗があるかもしれない。

しかし阿弥陀如来はもともと実在の方ではない。いわば我々の内部から滲《にじ》みでてきたイメージだろう。「アミターバ」という無量の光、あるいは「アミターユス」と云われる無量の命も、自分の内部からリアルに実感できなくてはならないと思うのである。

私は以前、臨死状況の人のなかに立ち現れる「アミターバ」のイメージを、小説『アミターバ』（新潮社、ケイオス出版）に描いた。

それは臨死体験のなかで光を見るのが、かなり万国共通の現象だからである。万国共通ということは、人間という生き物の自然に、そんな光を見る能力が元々具《そな》わっているということではないだろうか。おそらく浄土教を創始した人々は、臨死体験以外にもそんな体験をしているのだと思う。

白隠さんも、きっとそうなのだろう。自分の禅病を治しただけでなく、その後彼はこの内観の秘法を普及しようとする。白幽仙人に教わったというのが本当かどうかは判らないが、あれだけ言葉に拘《こだわ》った人がきっちり広めようとした言葉には、彼の確信が宿っているはずである。彼は「唯心の浄土」や「己身の弥陀」を何度も体験したのだと思う。

むろん、浄土宗の念仏行道や天台宗の三千仏礼拝など、各宗派ではこのアミターバに出逢うための行がきちんと用意されている。要はその行を通してどれだけ「アミターバ」をリアルに実感できるか、それこそが心の浄土を復権させる唯一の方法だと思う。

ところで坐禅は眼《め》を閉じないのだが、眼を閉じることで得られる面白い体験もご紹介しておこう。

むろん坐禅が長時間に及ぶと、光に包まれるような体験もするのだが、そうではなく、ここで紹介するのはどなたでもできる簡便な方法である。まずはこれによって浄土の片鱗を感じていただき、願わくは「内観の秘法」や浄土宗の行によってその浄土を深めていただきたい。

まずは眼を見開き、真っ白い紙をじっと凝視していただきたい。普通のコピー用紙でいいから、周囲がぼんやりしたり、点滅しているように感じるまで瞬《まばた》きせずに見つめるのである。ふいに紙が見えなくなることもある。

次に眼を閉じ、さっきの紙の残像を視界の中央にもってくる。残像は黒い。しかも動きまわったり消えたりまた現れたりするが、これをしっかり固定するのである。

固定された残像は、暗い視野のなかでひときわ濃い漆黒であり、その周囲の輪郭線が、七色に光っているのがわかるだろう。

この文章を読むだけでなく、どうか実際に試してみていただきたい。講演会などで皆さんにやっていただくと、九割くらいの方は体験できる。どういう加減で体験できない人がいるのかは定かじゃないが、体の脱力具合とか、無心であるかどうかなど、たぶんいろんな絡まりがあるのだろう。根気よくすれば、きっと誰でも漆黒の周囲の七色の虹を見ることができるはずである。

簡単に云えば、私はこの七色の光の延長上にアミターバの無量の光があると思っているのである。

少なくともその状態は、非常に勘が鋭く、安らかなのに研ぎ澄まされている。自分がとても巨きな存在になった気がするのである。白隠さんも、おそらくこの光をいつも見ていたのではないだろうか。

一説によると、この光が見えるのは人間の最も古い脳である脳幹部、つまり爬虫《はちゅう》類《るい》脳の機能ではないかと云う。だとすれば、それは爬虫類にも、それ以上の犬猫にも当然具わっていることになる。

そういえば先日境内に猫が一匹死んでおり、銀杏の木の下に埋葬してあげたのだが、寒い朝なのに猫は微笑《ほほえ》むような死に顔をしていた。もしかすると、猫にも猫なりに、体験としての浄土があるのかもしれない。

＊【白隠】江戸中期の臨済宗の僧。名は慧鶴《えかく》。駿河の人。若くして各地で修行、道鏡慧端《どうきょうえたん》禅師（正受老人）に法を嗣いだ後も諸国を遍歴教化、駿河の松陰寺などを復興したほか多くの信者を集め、臨済宗中興の祖と称された。気魄ある禅画をよくした。諡号《しごう》は神機独妙禅師。正宗国師。（一六八五～一七六八）

＊【夜船閑話《やせんかんな》】仮名法語。白隠の著。一巻。一七五七年（宝暦七）刊。過度の禅修行による病いの治療法として、身心を安楽にする観法を説いたもの。

＊【遠羅天釜《おらてがま》】仮名法語。白隠の著。三巻。一七四九年（寛延二）刊。武士参禅のこと、病中修行の用意および自らの法華経観を述べる。

三章　仕事を楽しむ

上機嫌な企業

多くの企業では、たいてい年度目標や今月の目標などが定められ、そこに向かって日々努力している。くだけた例で恐縮だが、それはたとえば、スーパーまで豆腐を買いに行くようなものだろう。

その心は？　つまり豆腐を無事に買って帰らなくては、途中どんな発見をしても、景色を楽しんでも意味がない。豆腐が崩れていたら全《すべ》てはパーになる。無事に豆腐を買って戻ることが、重大な目標なのである。

しかし偉大な発見や発明は、あんがい予定外のプロセスで起こることが多い。

濁り酒ばかりだった酒に清酒が登場したのも、鴻池《こうのいけ》の酒蔵に勤めていた職人が、怒って辞める際に、商品を台無しにしてやろうと酒樽に灰を入れたことがきっかけだった。またエサキ・ダイオードの発明も、実験材料に予定外に混じってしまった不純物のおかげだったと聞く。

つまり、思ってもみない発明や発見は、思ったとおり目標を遂げるだけでは起こらないのである。人間が考え、計画することは、たかが知れているということだろう。

発明や発見ばかりでなく、じつは個人の幸せというのも、目標を実現するだけでは訪れない。たしかに企業は、目標を達成して嬉しいだろう。社長も満足かもしれない。しかしそうした達成感は、次の目標をたてるまでの束の間のことだ。この束の間の達成感を幸せと勘違いするから不幸なのである。

企業には、達成は必要だが幸せは必要じゃない。企業と一心同体と思い込むのもいいが、そこだけは注意する必要がある。このところ目立つのは、個人の幸せも何かの達成だと思い込んでいる人が多いことである。しかし幸せとは、何かを達成することで感じられるものではない。

企業が豆腐を欲しているなら、豆腐は買ってこなくちゃならない。言われた数だけ、壊さずに無事に持って帰ることは大事なことだ。しかし、ちゃんと豆腐を買って帰り、誉《ほ》められても、それが幸せだなんて思ってはいけない。

幸せというのは、他人の思惑には関係ない。いわば豆腐が壊れてしまっても、まあいいか、と思えるほどに幸せなのである。豆腐のことなど、忘れてしまうことだってあっていい。目標さえ忘れさせる道中の在り方が、人を幸せに運ぶのだ。

企業人が幸せなのは、企業にとっても素晴らしいことだ。それを経営者は充分に理解し、上機嫌で仕事してもらうよう、努めるべきだろう。つまり豆腐をいくつ無事に、というだけでなく、楽しく持ち帰るということが、個人と企業が折り合える道ではないだろうか。

私は最近、鼻歌を奨励している。鼻歌というと、すぐに不謹慎と思われるのが近代日本のまじめ路線だが、基本的に鼻歌は、生命体が上機嫌に自足している証拠である。それは家庭であっても企業であっても、最も重要なことではないだろうか。

他人が上機嫌でいることを、上機嫌に眺められる。それが成熟した社会であり、企業でもあるのだと思う。つまり我が身の経営にとって最も重要なのが、自分の機嫌の管理だということだ。

上機嫌で買ってきた豆腐は、きっと旨《うま》いと、私は思う。しかしそれは、業績を示す数字には表れないから、忘れられやすい。

仏教は、己れ自身の内部原理で自分を統御《とうぎょ》することを命じる宗教である。上機嫌になれる素質は、そのことに価値を置きさえすればいつでも誰にでも目覚めるはずだし、ひいてはそれによって、上機嫌な企業ができあがるのだと思う。

時間を作らない技術

時間を作ると云えば、たいていの人は仕事をさっさと済ませ、自由時間を作ることを想うかもしれない。つまりそれほどまでに、現代人は効率を重視した見方をしているということだ。

しかし私がここで云いたいのはそういうことではない。

そもそも時間という概念じたいを、我々が作っているということを申し上げたいのである。そんなこと云ったたって、何をしていても時間は過ぎるし、これは物理的な現象だと思う人も多いことだろう。しかし、そうではない。時間は、我々の脳が作りだしており、時計は、ヒトという種のいわば共同幻想に則《のっと》って動いているのである。

私は別に、脳科学から申し上げているのではない。これは古くからの仏教的認識である。外界のあらゆる対象を仏教では「色」と云うが、それが感覚器によって「受」けとめられ、脳内で表象化されてある知覚（「想」）から意志（「行」）になり、やがてそれは行動に移しても移さなくてもある種の認識（「識」）を生みだす。こうした五つの機能の集合体（五蘊《ごうん》）＊として仏教は人間を見る。そして時間は、この表象化の最中に作られると考えているのだ。

表象と云うからには、感覚が受けとめた、たとえば景色が、脳内の適当な鋳型《いがた》に塡《は》め込まれなくてはならない。そしてそこにこそ、時間を作る秘密もある。要するに、過去の無数の体験のなかで「今」が一瞬にどこかに位置づけられ、評価され、居場所を見つけるわけだが、その居場所によって時間が流れる感覚も生じる。

たとえば夜寝たときの「今」と朝起きたときの「今」、あるいは仕事を始めた「今」と会社を出た「今」、それらは無意識に縦に並べられ、しかもその間の出来事も並べて位置づけるため、時間が流れたことになる。寝ている間には時間を作る機能も微弱なため過ぎ去りかたも「あっ」という間だが、仕事時間にはずいぶん個人差が出る。

おそらく、夢中になってした仕事が幾つかのブロックとして意識されるとき、ヒトは憶いだすことも多く、充実した時間だったと感じるのではないだろうか。逆に散漫な「今」ばかりが無数に並ぶと、時間はなかなか過ぎないし充実感にも繋がらない。

こうした時間の性格をよく理解したうえで、仏教ではこの「夢中ブロック」を作る技術を磨こうとする。坐禅、念仏、お題目などは、みなそのための技術訓練という側面をもつ。本当の夢の中ではなく、起きているのに夢中のように時間が流れないときを作ろうとするのだ。それがうまくいくと、「永遠」なんてものまで感じたりする。

本当は、仕事に夢中になるのが望ましい。しかしなかには、夢中になってはまずい職種もあるかもしれないし、不幸にも今の仕事には没頭できない、という方もいるだろう。まさか職場で坐禅や念仏を唱えるわけにもいかないから、ここでは簡単にできる瞑想を紹介しよう。

眼を閉じ、「頭が自然に動く」と思いつつ動きだしたらあとは自然に任せ、意識はその筋肉の内部感覚、つっぱったりうねったりするその感覚だけに集中していく。それだけである。これを二、三分するだけで身心は確実にリフレッシュするはずである。

どうも、言葉を介さずに身体感覚だけを意識すると、時間も作られにくいようなのだ。それはいわば「五蘊」のうちの「受」から「想」へ進めない努力だとも云えるだろう。

こうした仕事中のリフレッシュ技術も大切だが、もっと大切なのは「人生」という時間列も、じつは脳が作っているという自覚である。

楽しいときには楽しかった時間だけが無意識に並び、悲しいときはその逆のことが行なわれ、しかも未来まで同じ色に染めてしまう。

そんな「人生」や「歴史」が間違いなく思い込みの産物であることを知るためにも、私は簡単な瞑想を是非お勧めしたいのである。

＊五蘊《ごうん》（仏教語）〔「蘊」は梵語skandha集合体の意〕現象界の存在の五種の原理。色《しき》・受・想・行《ぎょう》・識の総称で、物質と精神との諸要素を収める。色は物質および肉体、受は感受作用、想は表象作用、行は意思、識は認識作用・意識。一切存在は五蘊から成り立っており、それ故、無常・無我であると説かれる。旧訳《くやく》では五陰《ごおん》。

小さな世界

「小さな世界《スモール・ワールド》」と呼ばれる価値観がある。これは元々一九九八年、アメリカの数学者スティーヴン・ストロガッツとダンカン・ワッツによって提出されたネットワーク理論だが、今やどんな世界でも、コミュニケーションの実際を知るためには不可欠なモデルと考えられている。

この理論、じつは脳内の伝達システムがモデルと云ってもいい。脳機能はより効率的な情報伝達を目指して発達してきたはずだから、そこにこそ最も優れた伝達システムの雛形が存在するのではないか。必ずしもそれを目指して研究したわけではないが、結果としてはそういうシステムが理論化されたのである。

その理論によれば、近くの細胞同士の*クラスター化した密接な結びつき、そして遠くへのランダムな連結との組み合わせこそが、最も効率的で優れたネットワークということになる。


卑近《ひきん》な例に置き換えてみよう。たとえば今、自分が持っている盆栽一鉢を、エジプトのカイロに住む特定の個人に届けなければならないとしよう。相手の名前も住所も知っているが、直接そこへ送ってはいけない。自分の周囲の、お互い名前だけで呼び合うような親しい関係の人に盆栽を託し、その人がまたそういう関係の友人に託す、という形で、次々送付しながら届けなくてはならない。

これはたぶん経費ではなく、精神的コストの問題と云えるだろう。その後の気遣いが要らない関係内での出来事にするためのルールなのだと思う。

一瞬、あちこちに友人が多い人が有利に感じられるかもしれないが、そういう友人が一人近所にいれば事態はさほど変わらない。むしろこの場合、近所の人々をどれだけ詳しく知っているかが大きな要因になる。

都市よりも田舎のほうが、じつはご近所づきあいは密である。むろんご近所そのものに、エジプト人の知り合いなどはいないだろう。そういう可能性は都市のほうが高い。しかし忘れていけないのは、盆栽を渡す相手が次に託す相手は、すでに地域性を超えるということだ。

ご近所に友達が多ければ、その家の家族の友人はもちろん、兄弟や従兄弟《いとこ》、甥姪あたりまでが次に託す範囲になる。そこでもう、盆栽が日本を出る可能性もある。遅くとも三人目では盆栽も空を飛ぶだろう。

都市の人間関係の場合、どうしても遠くの、ランダムな場所に住む友人が多くなる。これを脳内のニューロン・ネットワークに喩《たと》えれば、遠くへ接続する長いニューロンが多くなるということで、けっして効率的ではない。少なくとも人間の脳は、そのような発達は遂げなかった。

あくまでも近い細胞同士の緊密な結合と、そして規則性を欠いた大域的結合、つまり秩序とランダム性の程よい混合こそが、理想のネットワークなのだ。例に戻れば、ご近所の大勢が外国に出かけるよりも、近所づきあいが密であることのほうが地球規模のネットワークに寄与するということだろう。

じつはこの理論、電力供給の配線やウェブ・サイト構築にも有効だが、あなたの会社内部の人間関係にもそのまま適用できるはずである。

思えば我々僧侶の人間関係は、この理想に近いかもしれない。檀家さんはたいてい近所にいるし、その檀家さんについては家族どころかご先祖まで知っている。そして何年か同じ道場で寝食を共にした仲間が全国にいるのだ。知らない場所の何かを捜そうという場合でも、これほど有効なネットワークはないかもしれない。

「小さな世界」が結局は住む世界を驚くほど広げてくれる。そのためにはまず、両隣の机の方々と仲良くしてください。

＊クラスター（cluster）
複数個の原子または分子が集まってできる構造単位。現実には房・群れなどになる集団。

龍のごとくに

私の属する臨済宗のお寺では、天井などに龍の絵を見かけることが多い。龍はもともと中国人が考えだした架空の動物だが、いつしか仏法を護《まも》る生き物とされ、とりわけ中国色の強い臨済宗では珍重されるようになったのである。

なぜあんな生き物を創造したのか、というと、主には天候などの自然現象の変化を説明する原理として、ということになるだろう。雷、竜巻、台風などの突然の変化、あるいは季節の変化なども、龍という生き物の動きによって生ずる。つまりそう思えば納得できるような生態を、龍に想定したのである。

西洋で考えられたドラゴンは、最近では龍と同一視され、ドラゴンを龍と訳したりもするが、もともとはかなり違ったものだ。おそらくドラゴンも天候を左右する生き物なのだが、それは思いもよらぬ変化をもたらす困った存在であるため、西洋人は悪魔の使いと考えた。いわばアダムに罪を犯させた蛇の親分のようなものだろう。つまり彼らは、予想外の変化を悪魔のサシガネと考えたのである。

予想外の大きな変化には、誰でも戸惑う。しかしそれを、仏法の外護者の仕業と考えるのと、悪魔のサシガネと考えるのでは、当然対処法も違ってくる。自然の変化による災害を最小限に食い止める科学技術が西欧で急速に発達するのも、そんな思考が根底にあるからだろう。中国人などは、何度洪水で家を流されても、また何年かすると同じ川縁に家を建てた。そしてまた流されると、天命と考えた。天は我々人間がコントロールできる相手ではないから、自然に敵対する技術は発達しなかったのである。ところで経営というのは、ここで云う西欧型のコントロールのことではない。予期せぬ変化のなかで、経という「縦糸」をもち、そして揺れながらもその変化とどうつきあうか、という技術だと思う。

そのコツは、じつは変化を起こしている龍のなかにあるので、ご紹介したい。

龍は架空の動物だと申し上げたが、じつは七つの動物を組み合わせて創《つく》られたらしい。自然の大変化に対処する際の、それぞれの美点と共に列挙してみたい。

まず胴体は「蛇」。これは西欧的なサタンのイメージではなく、地に足つけた現実性を意味する。ヒゲは「鯉」。逆流を遡《さかのぼ》る強い生命力である。また角は「鹿」で、あの角は攻撃のためでなく、専守防衛に用いられる点が気に入られた。そのプライドも象徴しているのだろう。足というか手は「鷲」で、鷲づかみの強い意志。耳は「コウモリ」だというから、コウモリの不思議な聴覚のことは、昔から知られていたのだろう。顔の形は、ワニだという説もあるようだが、「ラクダ」という説のほうが説得される。どんな過酷な環境でも、わりと暢気《のんき》そうに見える点が美徳とされたのである。

最後に入れる眼は、「仏さま」ということになるのだが、実際に描く際は、牛の眼を参考にしたらしい。牛は純朴で落ちついているからだろう、仏の慈悲と智慧が、それによって点睛《てんせい》されたのである。

まとめれば、強い生命力と意志をもって現実的にことに当たり、しかもプライドは失わず、情報はいち早く収集しながらも暢気そうに、仏の慈悲と智慧で対処せよ、ということになるだろうか。

富士さん、来たかい?

大乗仏教徒が守るべき「十重禁戒」という十の戒《いまし》めの七番目に、「不自讃毀他戒《ふじさんきたかい》」がある。「富士さん、来たかい」とも聞こえるこの音のせいで、その名前だけは知っている人も多い。

意味は文字通り、「己の所業を誇り、他を悪しざまに言うことなかれ」ということだが、これは真面目に考えるとけっこう難しいことだ。

最近は、会社でも上司が部下を採点し、部下同士も採点しあい、また部下が上司を評価したりする会社もあるようだ。

そうなると、不自讃毀他戒もなんのその、客観的などと称して自分の勝手な主観を書きつらね、それが周囲の同僚の足を引っ張りあうことも多い。当然、他人を悪しざまに書く行為のなかで自讃も成立しているわけだが、それで足りず、さらに自慢含みの自己評価まで求められれば書いてしまう。

むろん教育は必要だし、評価はそのためにどうしても必要なのだとおっしゃる向きもあるだろう。しかし会社での評価基準が業績に一本化されるのは面白くない。いや、たとえ業績に絞ったとしても、思わぬキャラクターが総合力に寄与している点を、我々はどうしても見逃しやすいのである。

たとえば二本の矢印を思い描いていただきたい。この矢印で表される力の和は、方向の違いが直角までなら単一のベクトルより格段に大きい。ガウディは向きを九十度ずらした「夫婦の椅子」を作ったが、やはり総合力という観点からは、目指す方向の違いこそが重要なのである。

しかし方向性が九十度も違ってしまうと、我々はその相手をどう評価できるだろう。自分たち夫婦のことを思い出せばたいがい分かるはずだが、評価とは、あくまでも自分のベクトル上で行なわれるのである。

江戸時代の初期に京都で成立した「七福神」は、どなたもご存じだと思う。ではあれが、いったいどのように目出度いのか、どなたかご存じだろうか。

評価できない七つの価値観が同じ船に相乗りしている。換言すれば、あれは七癖の集まりと云ってもいい。ヒトクセもった同士が、お互いに評価しないことを決めたからこそ目出度いのだ。

だいたいあの七人にリーダーを決め、評価させたら喧嘩別れするに決まっている。インドの毘沙門、大黒、弁天、中国の福禄寿、寿老人、布袋、そして日本からは恵比寿だが、国が同じなら意見も一致するかというと、そうもいかない。まして日本代表の恵比寿は「戎」や「蛭子」とも書き、外来者とか「ひるこ」とも解釈できる。会社の中では、仕事が極端にできない奴と考えることも可能だろう。

それなら評価しあって排除するか、というと、おそらく大黒天が庇《かば》うだろう。つまり総合的に見れば、あの中では全員が味方になることもないが、全員が敵になることもない。いや、本当は不自讃毀他戒こそがあの七人組を保たせており、それが目出度いと、全員で主張しているのである。

業績に直接つながる仕事ぶりだけ見れば、ダメ社員に見える人もいるかもしれない。しかしベクトルは多彩なほど総合力は増す。仕事に関係ない冗談を云い、不自讃毀他戒を守っている人のなかに、きっとあなたの会社にとって重要な人材がいるのではないだろうか。


文殊菩薩[*]は乞食の格好で現れるという。『人は見た目が9割』なんて信じてはいけない。不自讃毀他戒の守りにくい世の中であるだけに、そんな「富士さん」を大事にしてほしいと思う。

「裾野より見上げて見たるお富士さん甲斐で見るより駿河いちばん」

文脈には関係ないが、これで笑えるならあなたはかなりエッチで有能な社員である。

＊**【文殊菩薩】** 仏の智慧（般若）を象徴する菩薩で、右手に剣、左手に経本をもつことが多い。諸菩薩の上首とされ、普賢菩薩（釈迦如来の脇侍《きょうじ》で、白象に乗って仏の右側に侍す）と共に、釈迦如来の脇侍で、獅子に乗って、仏の左側に侍す。

四章　学ぶことを楽しむ

分からない命と神さまのこと

君たちは今、毎日毎日いろんなことを勉強していることと思う。先生が教えてくださることを一所懸命に学び、それによってこれまで分からなかったことがいろいろ分かってくる。それはとても楽しいことだろう。

人間の体のこと、植物や宇宙のこと、日本やさまざまな国のこと、そして数字で表される世界や、あらゆることを学ぶための言葉という道具についても、どんどん新しい知識を身につけてほしい。それは君たち自身や君たちを取り巻く世界について、より深く、いろんな角度から理解するということだし、人生を楽しむ方法をたくさん知るということにもなる。

学校では好きな先生とそうでない先生がいるかもしれない。大人だってそうだけれど、好きじゃない先生が教えているとその科目が嫌いになったり不得意になったりすることは、普通に起こることだ。しかし君たちは、そんなことで嫌いになったものがもともと苦手なのだとは、簡単に思わないでほしい。まだまだ君たちの可能性の殆んどは眠っているのだし、大人になってからだって、それまで嫌いで不得意だったものが好きで得意になるというようなことは起こる。いや、そんなことが起こるからこそ、人生は楽しいと云ってもいい。

声高に個性個性と叫ばれているけれど、我々地球上に生きる人間は、たとえ人種や性別が違っていても、その遺伝子は九九・九九％まで同じだと云われる。つまりみんな本来の能力は同じだけど、目覚めている遺伝子はそのうちの数％らしい。その目覚めている遺伝子の違いから、個人の違いが生まれるというのだ。

だから人間が生きていく目的は、持って生まれた可能性としての遺伝子を、どれだけ目覚めさせられるか。つまり数%をどれだけ増やしていけるかにある。

遺伝子を目覚めさせるといったって、どうしたらいいか分からないだろう。私だって自信があるわけじゃない。しかしどうも、苦しかったり辛《つら》かったりするときに、そのチャンスがあるような気がする。

我々坊さんは、いわゆる修行ということをするけれど、滝に打たれたり眠らずに坐禅することが何の役にたつのかと思うだろう。しかし体験してみて思うのは、それをやり遂げることで自分の新しい能力が目覚めたように思えるということだ。体も変わるし考え方も変わる。しかもそうした自分の変化で、どんどん自分が自由になっていく気がする。

辛いことや苦しいことは誰でもしたがらないだろう。しかし君たちは甘酸辛苦《かんさんしんく》という言葉を知っているだろうか。もちろんそれは本来、甘かったり酸っぱかったり辛《から》かったり苦《にが》かったりという味の区別だ。

しかし人生に起こるいろんな経験がこの味に喩《たと》えられるのは聞いたことがあるだろう。甘い誘惑。酸っぱい初恋……。だったら辛いのはカレーや唐辛子だけじゃなく、そういう体験があるはずだし、苦いのもニガウリやフキノトウだけじゃない。しかし苦いとか辛い味わいの体験も、美味《おい》しく味わうことは可能なんじゃないだろうか。

私は、この苦かったり辛かったりする体験こそ、新たな遺伝子を目覚めさせるチャンスだと思う。なにも我慢しなさい、と云ってるわけじゃない。結果として自分の輪郭が広がり、能力が増えるのだとすれば、それはフロンティア・スピリットと呼ぶべき気分だと思う。どんどん嫌なこと不得意なことに挑戦してほしい。

ところでなんでも学び、どんなことでもチャレンジしていけば、この世界のことはいずれ全部分かるのだろうか。君たちにはここで、そんなことは決して起こらないだろうと申し上げておきたい。

なにもがっかりさせようというんじゃない。人間にできることは確かにどんどん増えてきたし、昔と比べれば我々の生活環境もずいぶん好《よ》くなってきた。それもこれも、君たちのように一所懸命勉強してきた先輩たちのお陰だし、君たちにはこれからもどんどん新しいことを学んでいってほしい。

しかし世の中にはどうしても分からないことがあるのだし、それは、分かることが増えてきたからって減るものでもないらしいのだ。
宇宙の始まりと終わりも分からない。死んだらどうなるのかも分からない。いや、雪がどうして六角形に結晶するかさえ、誰にもまだ分からないし、これからも分かることが増えるたび、新たに分からないことが発見されていくのだろう。

なにより分からないのは我々の命。この命だけは、どんな精密なロボットや機械を作る人間でも作れない。似たような高分子のタンパク質を作ることはできても、そこに命を吹き込むことだけはできない。だから一部の人々は、神さまという創造主を考えた。

覚えておいてほしいのは、神さまがいるかどうかは、君たちがどんなに今の知識を増やしていっても分からない、ということ。そして分からないということは、とても豊かだということだ。是非そう思えるまで、偏らずに何でも勉強してほしい。

ただ者でない自利利他の人

松原泰道《たいどう》先生のお寺には、大学生のころ二年ほど下宿人としてお世話になっていた。もう三十年もまえのことだが、いわば店子《たなこ》と大家《おおや》さんの関係である。むろん先生は仏教の大家《たいか》でもあるから、いわば二重の意味で「大家」ということになる。

大家さんといえば親も同然、店子といえば子も同然と云われるが、本当に私の書くものなど店子の文章みたいなものだろう。親が苦労して蓄えたものを使うのが放蕩息子の常だが、私などが仏教について何か語ろうとすると、どうしても大家さんの蓄えに手を出してしまう。たぶん私だけでなく、泰道先生にはそんな店子が大勢いるのではないだろうか。

泰道先生は、大家さんとか横町のご隠居さんなどではなく、紛れもなく日本仏教のご意見番である。横町のご隠居とは失礼極まりないが、しかしそんな表現が浮かんでしまうのも、先生が保っている親しみやすさのせいだと思う。

私が芥川賞をいただいたあと、先生と対談させていただく機会があった。大家さんと店子が、いったい何を話せばいいのか、戸惑いつつ出かけたのだが、そこで私は、先生が少年のような顔で話されたことが忘れられない。

「じつはね、僕も小説が書きたかったんですよ」

伺っていると、早稲田時代の先生は、本気で書いていらっしゃったようだった。

たしかに泰道先生のお話にも文章にも、文学作品が深い理解のもとに例示されることが多い。しかもそれは有名な作家の文章とは限らず、ときには読者の手紙や知人の科白《せりふ》だったりもする。全体のなかにそれらが柔らかくしかもしっかりと構成され、読者も聞き手もいつのまにか感動的な結末に運ばれていく。

考えてみれば、多くの具体的な挿話に彩られた先生の講話は、いつだって一つの昂《たか》まりを目指して物語として収斂《しゅうれん》していこうとする。まるで『法華経』だ。そう思ったこともある。

小説を書きたかったと打ち明けてくださったときも、私はそんなことを思った。しかし何よりも、僧侶としては孫のような昔の店子に、自分が本気で書いていた頃の話を当時の情熱をもって語ってくださったことが嬉しかった。ご自身でもおっしゃるとおり、やはり泰道先生はいつまでも青年なのだと思う。いや、いつまでも何かを求めつづける「菩薩」だろうか。求めつづける姿が、とりもなおさず導くことになるのだろう。

先生を特徴づけるのは、この親しみやすさと若さ、そして学びつづけようという強靭な志気である。この三つは案外微妙に絡み合っているに違いない。

この本（『人生百年を生ききる』）のなかでも佐藤一斎《いっさい》の有名な言葉がとりあげられる。

「少にして学べば即ち壮にして為す有り。壮にして学べば即ち老いて衰えず。老いて学べば即ち死して朽ちず」

当の一斎は八十二歳で亡くなってしまったが、泰道先生は今年なんと九十六歳（二〇〇七年四月現在は百歳、しかもお元気）である。しかも気力や体力はともかく、志気とは老いてますます盛んになるものだとおっしゃる。つくづく、人間の可能性の大きさを、先生に接すると感じるのである。若さも親しみやすさも、きっと学びつづけようという情熱と謙虚さの結果なのだろう。

先生が好きだとおっしゃる話の一つに、晩年になって夢中に英語を学ぶ長崎の玉仙和尚の話がある。「遅すぎる」と呟く青年に、和尚は「今度生まれ変わってきたときにそれだけ勉強が楽じゃからな」と応じる。むろん泰道先生の学びは常に衆に先んじてきたわけだが、一生学びつづける覚悟は同じだろう。

文学といえば先生の本や講話には、俳句や和歌も数多くでてくる。しかも日本の仏教をより深く理解するためには、和歌や俳句に学びなさいともおっしゃっている。この辺りに、私は泰道先生の真骨頂があるのではないかと思っている。

所詮《しょせん》十七文字や三十一文字で、論理的に表現できることは限られている。というより、これは論理的な表現手段ではないと云えるだろう。そこにこそ日本の仏教の深みがある、というのは一体どういうことか。

本書には『華厳経《けごんきょう》』のなかの面白い逸話が紹介されている。

王様が釈尊の筆頭の弟子である*舎利子《しゃりし》と*目連《もくれん》に、新築の城の壁に絵を描くことを依頼するのだが、見事な絵を描きおえた目連に対し、舎利子は毎日毎日ただ壁を磨くだけだったという。

いざお目見えの日、王様は何も描かれていない舎利子の壁を訝《いぶか》るが、舎利子は堂々とその磨き抜かれた壁を示す。そしてそこには、向かい側に描かれた目連の絵がくっきりと映っていたのである。

むろんそれは、「事」（現象）と「理」（真理）を象徴的に示すための作り話である。両方そろって初めて、世界は深く理解されるというのである。

しかしこのことは、俳句や和歌の解釈にも云えないだろうか。つまり俳句も和歌も、具体的には描かれていない「理」が推測されることでようやく完成する。換言すれば、これほど鑑賞者を信じることで成り立つ表現様式もないだろう。描かれた「事」の背後に潜む「理」が、いわば万人に自明のこととして信じられているのである。

むろん泰道先生が俳句や和歌の鑑賞を勧める理由は、それればかりではないだろう。無常観や縁起が、多くの作品から滲みでるからかもしれない。

しかし言葉にできない世界を言葉によってなんとか彷彿《ほうふつ》させようという極めつけの創作が俳句や和歌だとするなら、それは日本仏教も同じだと、先生はおっしゃりたいのではないだろうか。

仏法は障子の引き手峰の松火打ち袋に鶯の声

これは本書で先生が示された古い道歌である。

障子の引き手も峰の松も、べつになくたって生活に困るというものではない。火打ち袋というのは火打ち石を持ち歩くための袋だろうか、それだって大事なのは本体のほうだと普通は思う。鶯の声だって、風流だし春を感じさせてくれるが、なくても困りはしないだろう。

しかしそう思っているうちに、じつは障子そのものが傷み、峰に登る道を見失い、火打ち石を落とし、季節もわからない、ということになる。生活には関係なかろうと油断していると、いつのまにか生活にも困る事態になる、ということだ。

俳句や和歌に仏教を読み取るというのは、じつは生活のなかに「理」を読み取る作業でもあるのだろう。日本の仏教は言葉で表現できるきっぱりした原理をもたない。いわば縁のなかに存在しているから、その辺の「理」を読む呼吸を、日本のギリギリの言語表現に学べというのではないだろうか。


本書も、いつもどおり豊かな内容である。聖書もソクラテスも荻生徂徠《おぎゅうそらい》も良寛さんも親鸞さんも山背大兄王《やましろのおおえのおう》も老子も孔子もサトウハチローも吉井勇もデカルトもマックス・ウェーバーも聖武天皇も鈴木正三《しょうさん》も、みんな仲良く登場する。

しかも話題は誕生から死まで。親子、夫婦、仕事での人間関係など、あらゆる場面での人間の苦悩に対応しているとさえ思える。読み進むうちに、無数の挿話が大河に流れ込んでいくように感じられる。そうしていつのまにか読者は安心を得ているだろう。

しかしたぶん泰道先生は、「それではまだ半分」とおっしゃるはずである。

安心したなら今度はそれを施さなくてはならない。そうして今度は、舎利子が壁を磨いたように、より深い納得を求めるべきなのだろう。

先生は、自己の完成など不可能だとおっしゃりながらも、それでもやはり全体精神への奉仕によってその実現を目指さなくてはならないと、心底思っていらっしゃるのだ。別な言葉で云えば「自利利他」ということだ。

人生の達人としての先生を、一言で表現せよと云われたら、私としてはこの「自利利他」を挙げたい。学びつづけることを楽しみ、それをそのまま利他に繋げてこられたのが泰道先生だと思う。

ところでこの本のなかには、ソクラテスとその妻クサンチッペの面白いエピソードが紹介されている。おそらくは日々、哲学的思考を巡らしていたのだろう、奥さんが何を話しかけてもソクラテスは馬耳東風。堪《たま》りかねた奥さんはガミガミと雷のように怒鳴ってから側《そば》にあったバケツの水をソクラテスにかけたらしい。するとソクラテス、少しも騒がず、怒りもせずに水を払いながら云ったという。

「雷鳴のあとには夕立が降るものだ」

さすがソクラテス。やはりただ者ではない。

突然何を云いだすのかと、驚かれたかもしれない。

私としては、偉大なソクラテスの背後には稀代の悪妻がいたのに、どうして偉大な泰道先生にはあんなに優しい静子夫人なのかと、ちょっと不思議になったのである。悪妻のお陰で哲学者になるのもただ者でないかもしれないが、良妻賢母を伴って今も学びつづける泰道先生は、もっとただ者ではない。

＊**【舎利子《しゃりし》】**（梵語 Śāriputra）釈尊十大弟子の一。十六羅漢の一。インド、マガダ国の首都王舎城外那蘭陀村の婆羅門《バラモン》の家の生れ。懐疑論者に師事していたが、のち釈尊の弟子となり、智慧第一と称せられた。シャーリプトラ。舎利弗《しゃりほつ》。

＊**【目連《もくれん》】**（梵語 Mahāmaudgalyāyana　摩訶目犍連《まかもっけんれん》）釈尊十大弟子の一。神通第一と称された。餓鬼道に苦しむ母を救うために僧に供養したと伝えられ、これが盂蘭盆会《うらぼんえ》の起源という。目犍連。大目犍連。

枯淡《こたん》なる大心《たいしん》

久しぶりに、松原泰道師のお話を聴いた。現在九十九歳（二〇〇六年十一月現在）、まったくお元気なのだが、声がいくぶん枯れてきた感じがした。

枯れたというのは、禅では誉め言葉なので誤解しないでいただきたい。枯淡《こたん》といってもいいが、禅語では「松老い雲閑《しず》か」などとも云う。つまり煩悩として払おうとしてきた雲もそのままで閑雅《かんが》な景色になり、常葉の松を見事に彩っている様子である。むろん常葉の松とは、この際は泰道先生のことだ。

泰道先生のお話で憶いだすのは、いつも講演の初めに「共に勉強致しましょう」とおっしゃることだ。今回もそのようにおっしゃっていたが、我々は勉強させていただくにしても、先生にとってはすでに「勉めて」「強いて」行なうようなことではなくなっているはずだが……。

道元禅師の「眼横鼻直《げんのうびちょく》」にも、それは通じる。ベラボーな修行がごく自然に行なえるようになったとき、人はたぶんようやく自然を自然として観《み》ることができるのだろう。

むろん今回のお話（The CD club――聴く歴史シリーズ『生活の中で仏道を実践した道元の生涯とその教え』語り・松原泰道師）も周到なご準備のうえでなさっている。道元禅師の生きた時代、またその人生や教えまでが、いつものように極めてバランスよく語られている。ほとんど名人芸と云うべきだろう。また例え話が身近で親しみやすいため、我々はいつしか武者小路実篤や平櫛田中《ひらぐしでんちゅう》、陸奥《むつ》宗光《むねみつ》などとも接した気分になってくる。

「威儀即仏法」という道元禅師の教えは、たぶんそのまま泰道先生の暮らしぶりでもあるし、全てが「仏の御命《おんいのち》」という認識も、すでに先生の実感ではないだろうか。

最終的に、話は『典座《てんぞ》教訓』で述べられる「喜心」「老心」「大心」に流れ込んでいく。

それぞれの意味合いについては、本編をお聴きいただきたいが、私はその話を聴きながら、先生のお寺に下宿させていただいていた時代をはっきり憶いだしていた。

別棟に住まわせていただいていたものの、下宿の条件は毎朝の朝課。つまり泰道先生と一緒に、朝の六時からお経をあげなくてはならない。先生はすでに三時まえに起き、「勉強」されていたわけだが、大学生だった私はどうしても夜更かしすることが多く、なんとか眠い眼をこすりながら本堂に行く日が続いた。

そんなある朝、泰道先生はお経が終わったあとで私におっしゃった。

「ずいぶん夜遅くまで起きてるようだけど……悪循環になりはしないかね」

当時の私にはこの「老心」「大心」が理解できず、やがて習慣を改めるのではなく別な下宿に移って行ったのだが、今になってようやく有り難くて礼拝したくなる。

しかし忘れていけないのは、泰道先生ご自身が今でも毎朝礼拝を続けていらっしゃることだ。

五章　人づきあいを楽しむ

百閒《ひゃっけん》先生との上手なつきあい方

じつはこの文庫（ちくま文庫「内田百閒集成」15巻『蜻蛉玉《とんぼだま》』）の編集をしている佐藤氏は大学の同級生である。

なんだ、それじゃあ楽屋落ちじゃないかと思うかもしれないが、それは違う。彼が編集子を唆《そそのか》したために私への依頼があったわけではないと信じているからである。根拠は、と訊《き》かれれば、私がそう信じているから、と、もう一度目線を強くして答えるしかない。

それに、これは私の望んだことではないのである。依頼があったときの正直な気持ちは、マズイなぁ、困ったなぁ、という感じだった。なぜかと云うに、私は内田百閒がとても好きだからである。好きならいいじゃないか、という向きもあるかもしれないが、それは下品というものだ。好きだからこそ、分析したり論究したりせず、そっとしておきたかった。

思えば私の初恋も、小学五年から中学三年まで、一途でありながら一言も告白しないまま終わってしまった。

それはともかく、それならなぜ引き受けたのかと、責める人もいるかもしれない。それは、佐藤氏が編集すると聞き、「百閒は好きだなぁ」と云ったら、これまで毎回本を送ってくれていたからだ。彼が送ってくれたのは、純粋に友情的行為だったと思う。だから私も友情で応えようと思ったのである。

しかし往々にして、男同士の友情に気遣っているうちに恋を壊してしまうこともあるものだ。今回の依頼は、まだ手も握ったことのない恋慕する相手の、レントゲン写真を撮れというに等しい。その人のいた気配とか香りだけで興奮していた人間に、いきなり尿の成分を分析しろと云われたみたいではないか。

まあしかし、引き受けたものはやらねばなるまい。「貢献する所があるかないか知らないが、纏めるものは纏めなければならない」というのは百閒先生の言葉だ。

それにしても、百閒先生とつきあうのは楽しい。しかしつきあうのが楽しいというのは、とりもなおさず纏めるのが難しいということだ。表題作の冒頭には「私と云うのは、文章上の私です。筆者自身の事ではありません」とわざわざ断っているが、そんなことを云う女性がいたと思ってほしい。しかも時に応じ、場に即してその「私」は変幻自在なのである。それを恒心《こうしん》がないとか、貞節でないなどと批判するなら、初めから彼女に恋する資格はないと云える。

小説ならそのとおりかもしれないが、随筆の「私」は、そりゃ「私」だろう、なんて思うお人好しの男が世の中には多いが、それは油断である。どだい百閒先生の文章は清水良典氏がおっしゃるところの「純文章」なのであり、ジャンル分けする意味はない。

百歩譲って、文章上の「私」がまあ私だとしよう。しかしその「私」に私小説的な一貫性を求めたら、それは自分で恋の苦しみを産みだすことになる。ある時は鳥にあんなに優しく見えた「私」が、夜中に雀の巣にハシゴをかけて登る。しかも何十羽も鳥を死なせたこともあるくせに、一羽の雀の死にわんわん泣いてしまったりする。そんな気まぐれ女に惚れると大変なのは、皆さんのほうが余程ご存じだろう。

しかし彼女が気まぐれなのではなく、その時その場で、新しい「私」が産みだされるのである。

百閒先生が慶應義塾大学での講義でもおっしゃったように、我々は言葉で表現したように考えているのであり、「思ったことがうまく表現できない」ということはあり得ない。うまく云えないのは、うまく考えられていないからだ。その意味でも、特定の確固とした「私」が作品ごとに小出しに漏出するのではなく、作品ごとに、全く白紙のところに新たな「私」が立ち現れてくるのだ。我々は、だから我々とはちょっと違った常識を具《そな》えた何人かの女性とつきあっている、くらいの気持ちで接しないと身がもたない。女性たちはみな、そのちょっと常識と違う感覚を、自分では自信をもって常識だと思っているからだ。

彼女たちは、つまり作品ごとの「私」は、いつだって真実を語ろうとしているかに見える。しかし百閒先生もおっしゃるように、真実を伝えるために彼女たちは、その場に五人いた人数を二人に減らしたり、縁の下にはいなかった狐を、その庭先にあった葉蘭《はらん》の迫真の描写のために存在させてしまったりする。当然のことだが、それは「私」にとっての真実の表明のために必要だったわけだから、彼女たちも虚言だなんて思っちゃいない。

要するにこんな彼女たちと楽しくつきあうには、こちらが余程大人にならなくてはならない。こちらにその余裕があると、彼女たちはみな話題の転換がうまく、頑固で意固地だがけっこう愛嬌もあり、やがて素直さも見せてくれる。

しかしそんなことを云っても、やはり彼女たちの背後に「本当の私」みたいな存在を想定してしまう人はいるだろう。かく云う私も、琴について綴る百閒先生などは現実の姿に近いのではないかと思ったりする。

しかし文章を書くことに丹精している人というのは、やはりそんなことはないのだと思い知るべきだ。

この本に収まった「続銘鶯会《ぞくめいおうかい》」という作品では、最後に鶯が見事に啼きだす。ところがその途中、風が吹いて竹竿が倒れるのだが、なんとその鶯は、静かな音品で最後まで啼き終えたという。そこで「私」はかすかな戦慄を覚えた、と結ばれるのだが、その戦慄がいったい何のせいなのか、読者は知らなければならない。ここで戦慄している人こそ百閒先生自身だと云ってもいいだろう。

なぜ戦慄したのか、と云うと、自分が文章に対してもっているのと同じような作品意識と執着とを、鶯がその啼き声に対して見せたからではないだろうか。しかしだからといって、これこそ百閒先生の素顔だと騒ぐようなことではない。鶯の地声と同様に、作家の姿を作品から推測してもたいして意味はないのである。

我々はただ、大勢の女性の話に楽しく聞き入るように、百閒先生の作りだす「私」とつきあえばいいのだと思う。それ以上のことを考えるのは、百閒先生が嫌いな人に任せればいい。

昔、私が道場にいたとき、老師の許《もと》を訪れる客に雲水をとても軽くあしらう客がいた。ある雲水が腹を立て、「老師のところに来る客があんな二重人格であることを老師はご存じなのだろうか。自分はあいつが許せない。ひとつ老師に進言してやろう」と考えたらしい。

又聞きだが、老師はこう答えたと云う。「自分の前ではいい人になる。それ以上のことを他人に望むのは、傲慢じゃろう。せいぜい、お前さんの前にきた人がいい人になるように、励みなさい」

なにも私は、百閒先生がいい人だなんて云いたいわけじゃない。

無数の人格が渾然とした「私」を愉《たの》しみ、末永く愛するためのコツを申し上げたかったのである。

本音をうるかす

いつも本音で書いているつもりなのだが、「ぜひ本音のエッセイを」と頼まれてしまった。困った。

どうも日本には「本音と建て前」という言葉があまりにも浸透しているせいか、普通に話してもほかに本音があるように思われる。しかし実際には、「本音と建て前」というより、むしろ「心変わり」であるケースが多いのではないか。

たとえばある種の新興宗教に誘われ、壺を買うとする。そのときは本気でその功徳を信じ、大枚はたいて買ったはずなのに、あとになると訴えたりする。そして裁判に勝つため、買った当時の「本音」を裏切るような言説を並べるのである。

またほんの些細《ささい》なことでも、そのときはそう思ったのに今はそう思えない、ということは多い。これは心変わりであって、今の気分だけが本音なのではない。またいつか、変わるに違いないのである。

国会での答弁など、「建て前ばかり並べて」と腹が立つかもしれない。しかしそれも、「きちんと解るようには云いたくない」という本音の表現にすぎない。人は口でどんなことを云われようと、たぶん本音はちゃんと感じとれる生き物なのだ。

しかし「その件についてはしばらくうるかしましょう」と云われたときの驚きは今でも憶いだす。「うるかす」というのはたぶん方言なのだが、本来は何かを水などに浸しておくことを意味する。

この場合はつまり判断を急がず、疑問点などをそのまま放置することだ。一瞬、国会議員の「前向きに善処します」みたいに、空疎な言葉にも聞こえたのだが、さにあらず。今は言葉にしないほうが賢明だという積極的な判断なのだ。仏教の「判断停止」

にも通じる。

そうしてしばらくうるかしておくと、なるほどあのとき言葉にしなくて良かったと思うことが多い。つまり本音だと自分で思っていても、そんなものはやっぱり信用できないということだ。

人は自分で本音だと思い込んだことに振り回される。周囲も「あのときああ云ったでしょ」などと責める。それならいっそ、自分の本音は死ぬまえの言葉だけだと、決めてしまったらどうだろう。

思えば人は「行く河の流れ」に人生をうるかしつづけているようなものだ。

水と蓮華の不可思議

地球物理学などなかった昔にも、この地球が水に覆われていた時代が想定されていた。そしてその水の中に、命の源としての白い華が浮かび、それはあらゆる命を産みだすと考えられていたようだ。

今なら遺伝子か細胞核とでも云えそうなこの白い華のことを、大乗仏教者たちは「蓮華」と呼んだ。それが『華厳経』の華であり、また『妙法蓮華経』の蓮華である。なんという美しい命の表現だろうか。

蓮華はやがて現実の蓮という植物に当てはめられる。もしかすると泥の中からすっくと立ちあがって清らかな花を咲かせる現実の蓮が、そうした世界観を導いたのだろうか。

少なくとも中国では、あの植物を当初は蓮と呼ばず、「荷」と呼んでいた。そのことは日本の『万葉集』を見てもわかる。中国の文人の影響を受け、当初「荷」と呼ばれていたものが「蓮」に変わる。それは、「蓮」と「恋」との音通から、あの花に託して「恋」を歌いたいがために「蓮」と表現するようになったのである。

命の源としての「蓮華」が、恋と結びついたのは偶然ではないだろう。人は互いに惹《ひ》かれあう。そのことも、結局はそれぞれの中に抱えた同じ「蓮華」のなせるわざ。そう思うしかないほど不思議なことだ。そんな不可思議な命の在り方が、「妙法」と呼ばれたのである。

『妙法蓮華経』すなわち『法華経』では、そういった好ましい命のかかわりばかりでなく、人に芽生える抜きがたい憎しみについても不可思議な見解を示す。第十二章にあたる「*提婆達多品《だいばだったぼん》」では、お釈迦さまを憎み、何度も殺害しようとしたダイバダッタが、じつはお釈迦さまの前世での師匠であったと語られる。そんなことが書いてある経本はたぶん他にない。これはいったいどう受けとめればいいのだろう。

私は最近、これも水と蓮華との関わりなのだと思っている。つまり、命を絶えることのない連続と考え、そこに不可思議な蓮華を見出そうとすれば、あらゆる時間は受容されなくてはならない。

鴨長明は『方丈記』で「行く川の流れは絶えずして、しかも元の水にあらず」と書いたが、これも『法華経』に精通したうえでの人生観ではないかと思える。かつては師匠であり、またそうならないとも限らない無限の変化の一齣《ひとこま》として、今の苦しさも受け容れる。それが我々の「水に流す」ということなのではないか。

『法華経』の提出する久遠《くおん》の釈迦仏、つまり死なない法身としての釈尊は、日本人には「行く川の流れ」と見るのがわかりやすいのかもしれない。流れつづけるからこそ生きている。わざわざ「流す」などと云わなくとも、本当は私の中でも、私とあなたの間にも、水は流れつづけている。

命とは、蓮華を含んだ水の交流なのである。

＊【提婆達多品《だいばだったぼん》】法華経二十八品中の第十二。ダイバダッタの成仏、八歳の竜女が成仏することなどを説く。悪人成仏・女人成仏などの根拠として重視された。提婆品。ダイバダッタは釈尊の従弟とされる。

六章　暮らしを楽しむ

父の幻燈

父は大正十四年の生まれだから、今年で満七十八歳になる（平成二十八年二月十五日、九十二歳で遷化《せんげ》）。長く糖尿病を患い、軽い脳梗塞も起こしたことがあるが、今も元気に住職をしてくれている。お陰で私もこうして原稿を書くことができるのだろう。

先日バイクの免許の書き換えがあり、父は隣町まで行かなければならなかった。ふだんは町内しか乗らないバイクなのに、町内に自動車学校がないため、隣町までバイクで来いというのである。これも高齢者に免許更新を諦めさせるための手だろうか、と思えるほど、意地悪なシステムだと思った。

それでなくても、家族の反対にあって、運転を諦める人がじっさい多いらしい。「危ないから」あるいは「ひとさまにご迷惑をかける、かもしれないから」というのが家族の見解である。たしかに目の前をふらふら走る高齢者のバイクや車は危ないものだが、危なさという点では誰でも一瞬先は分からない。父のバイクも、危ないと思わないではないが、それは私の車だって大差ないはずである。本人がやめたいと思うまでは眺めていようと思っている。

前置きが長くなったが、要するに高齢になった父が今も自在に使いこなせるツールがバイクとカメラなのだ。そして私はカメラの話をしようと思ったのだが、前置きのバイクの話が長くなってしまったのである。

よく私は父を紹介するとき、「住職歴よりもカメラ歴のほうが永いんです」などと云う。二十八歳で月給の倍以上のカメラを買い込み、暗室まで作っていた父は、各種コンテストにも入賞したり、奉職していた高校の生徒たちを撮ったり、私たち子供の写真もたくさん撮ってくれた。今も「カメラが重くなった」などとは云うものの、カメラとバイクだけはやめる気配がない。それが私の安心の種である。

バイクのほうは自分の利便が大きいわけだが、父の撮る写真にはずいぶん喜びも与えてもらった。

わけても子供の頃の幻燈会は、今憶いだしても愉《たの》しい時間だった。家族みんなが薄暗闇に自由な恰好で坐り、白い襖に映るさまざまな写真を見るのだが、スライドを送る硬質な音の合間に大小の笑い声や勝手な言葉が飛び交った。ときには近所のおじさんやおばさんたちが招かれることもあり、そうなると益々《ますます》賑やかで楽しかった。

光源から出る強い光が、暗闇のなかで自在な絵柄を映しだす。その絵柄はむろんだが、周囲の暗闇そのものが愉しさの秘訣だったような気がする。幻燈が終わって電気が点《つ》けられると、まず恥ずかしさが、続いて日常に戻ったという気抜けした感覚がやってきた。

当時はたぶん白黒だったと思うのだが、そのころに見た幻燈の絵柄はやがて私の記憶のなかで勝手にカラーになり、またときにはマノアタリにした現実と区別できなくなったりした。

同級生などと話していると、よく「どうしてそんなことまで覚えてるの」と訊かれることがあるが、これはおそらく幻燈の記憶が強烈に残っているせいではないかと思う。ただ断っておきたいのは、白黒もカラーになったりするわけだから、細部の記憶はどれだけ変質しているか見当もつかない、ということだ。

テレビが出現すると、幻燈会もあまり開かれなくなり、私も動画のほうに夢中になっていった。おそらく幻燈会が開かれたのは私が小学校に入学するくらいまでではなかっただろうか。

当時の父親は、今の私よりも数歳は年下である。写真を撮っていた本人の姿がスライドで映されることはめったになかったが、それでも幾つか、背広を着て黒縁の丸メガネをかけた元気そうな青年の姿が幻燈の絵柄として思い浮かぶ。

学校の先生とお寺の住職を両方していた父には、休日がなかった。だから年に一度、小学校の運動会の翌日に温泉に連れて行ってもらう以外にはどこへも一緒に出かけた記憶がない。海に連れて行ってくれたのも、山に初めてのキャンプに連れて行ってくれたのも近所や親戚のおじさんだったのである。

しかしそんな父でも、学校の修学旅行やお寺の集まりで出かけることはあった。そうした見知らぬ場所が、幻燈会では自分たちの姿に混じって鮮やかに映しだされた。家族やご近所も含めた人々が温かな暗闇で同じ光を見つめる。それは父の自慢の作品鑑賞でもあったわけだが、同時にふだんかまわない子供に対する父の罪滅ぼしでもあり、またそれは、おそらく父が予想しなかったリアルな仮想旅行体験にもなっていたのだと思う。

今更また幻燈会を望みはしないが、父には寿命が尽きるまでバイクに跨《またが》り、カメラを構えていてほしいものだ。

ネコとヒトの教育

最近、どうも屋根裏にネズミがいるようだ。本堂の屋根裏にはハクビシンがいるからそちらには行かないのだろうが、庫裏《くり》ではときどきネズミが何かを転がして遊んだりする。

やはりネコもイヌもいなくなってしまったからだろう。昔はネコが近所で鳥を捕まえ、誉めてもらいたくて私の枕元まで運んできたりしたものだ。寝ぼけた眼の前にキジがいたこともあり、ぎょっとしたものだが、今となれば非常に懐かしい。ネコは、やはり居るだけでネズミ除《よ》けとして絶大な効果があったのである。

ところで母ネコは子ネコに、一見教育と思えるような行為をする。子ネコのために、初めは瀕死のネズミを持ち帰り、子ネコが育っていくにつれて次第に軽傷のネズミに変化させ、子ネコにとっての捕獲の難易度を上げるのだ。子ネコの頃にこの経験をしないで過ごしてしまうと、おとなになっても決してネズミに忍び寄って襲うことはしないらしい。これは教育なのだろうか？

発達心理学者のプレマック先生によれば、これは教育ではないのだそうだ。なぜなら、母ネコが子ネコの成績のよしあしを判断していないからである。学習の早いネコは早々に解放し、できの悪いネコには更にネズミを持ってきて補習をさせたりするようなら、初めて教育と呼べるのだそうだ。教育という言葉は、ずいぶん責任を伴った意味で定義されているようだ。

教育とは呼べないにしても、しかし母ネコがネズミ捕りを「教えて」いることは確かだ。プレマック先生はこれを、生物学的なしくみとしての「適応」と呼び、そのための「訓練」と理解する。しかもネコの親が教えるのは唯一この技術だけで、敵からの逃げ方や求愛の仕方などは教えず、それらは本能に任されているらしい。

しかしヒトの場合は、こうした訓練の範囲が広く、しかも長く続く。ただヒトも動物として見れば、これもいつかは終了しなくてはならない。子供が一定水準に達したと親が判断すれば、そこでスパッと終わるのが動物としての通常の在り方である。

ほかの動物よりも多くの項目について訓練し、教育を受けなくてはならないのがヒトではあるが、しかしその項目については人種によってもバラツキがある。

たとえばクン・サン族という部族は子供に坐り方や歩き方は教えるが、食べられる植物の集め方などは教えない。一方、西洋社会では、服の着方や正しいテーブル・マナーは教えるが、坐り方や歩き方は教えない、という具合である。

その民族として、何が必須な教育項目かがはっきりしないと、当然ここで終わりという時期が来ない。教育項目じたいが揺れ動き、定まらない状態を、最近では「生涯教育」という美名で呼んだりもするが、項目によっては若いうちに習得しないとどうしようもないこともあるだろう。おとなになってからでは、ネコもネズミに興味を示さないように、である。

近頃私のところに、子供のことで相談したいという親御さんからの連絡や訪問が重なったのだが、どうも親自身が、ヒトとして習得すべき項目を決めきれずにいる、という感じが強い。だから子供への心配もキリがなくなるのだ。この技術や考え方に関しては教えた。だからそれ以外についてはそれを応用し、おまえが自分の裁量で決めればいい、とは云えないのだろう。

学校での教育内容にしても家庭での躾にしても、自信をもってその項目を特定することこそ急務ではないだろうか。

歴代の飼い猫たち、およびイヌとヒト

弟が以前、飼い猫の系図書きを作ったことがある。しかし手許《てもと》にはないので、記憶で書くしかないのだが、うちには私が生まれるまえから、タマという猫がいた。これはオスで十九歳まで生きた。ちょうど私がハイハイしてやがて立ち上がり、玩具で遊んだりした頃が彼の晩年だったたから、きっと我々を、かなりうるさがっていたに違いない。しかしこのタマ、オスだったため、系図は一旦途絶える。

そのタマが死んで、猫がいなかったのはどのくらいだろう。私が七歳のときに本堂と庫裏の屋根替え工事があり、そこに来ていた職人さんの家から、オスメス一匹ずつの猫が貰われてきた。オスはまたタマになり、メスはマリと命名した。命名の根拠は覚えていないけれど、たぶん私と弟とでつけたのではなかっただろうか。

その後、二人でたしか広告の裏かなんかに、二匹の名前を並べて書いてみて驚いたことがある。「マリ」「タマ」と二列に並べて書くと、横から読んでも「タマ」「マリ」になる。それがどうしたと云われればそれまでなのだが、ああ、こうすると二匹が上になったり下になったりじゃれ合っている姿そのものじゃないか、と思ったものだ。マリ（毬）もタマ（球）も、そういえば転がる丸いものだったのである。

たしかオスのタマが、先に炬燵《こたつ》で死んだ。ほどなく同じ職人さんの家から次のオスが来て、やがて子供も生まれるようになった。あちこちに貰われていったが、残った猫はたいていオスがタマ、メスがマリだったから、なんだかどれがどれだったか今では怪しい。

マリはよく私の布団で子供を産んだものだった。しかし子供の寝相のことだから、子猫にとってはあまり好ましくはない。一度だけ、朝起きると一匹潰してしまっていたことがある。どの程度マリは私を恨んだものか、その後も産みにきたところを見ると、水に流してくれたのだろうか。それとも私が電気炬燵でヒヨコを飼ったとき、食べてしまったのはその復讐だったのだろうか。今となっては判《わか》らない。

黒寅のタマと赤白のマリというパターンが、あるとき崩れた。赤寅のオスが生まれたため、ミーと名づけたのである。これはマリやタマと違って、ずいぶん無意味そうな名前だが、私たち兄弟にはずいぶん意味深い猫だった。ちょうど年齢がそういう頃合いだったのかもしれないが、この猫は私たちに色恋の厳しさを見せつけてくれた。つまり人間にはとても好かれる猫なのだが、これがなんとも猫にはもてない。しかしメスを求めて出歩く旅をやめず、その苦労でやつれていく姿が痛々しかった。ときには数日戻らないこともあった。

しかしそういう意味では、二代目のオス赤寅、独歩のほうが壮絶だった。ミーの無意味さに対し、独歩とはずいぶん意味ありげだが、もしかするとそれがいけなかったのかもしれない。彼もミーと同様、そのふて腐れた様子が人間には人気だったが、メス猫にはもてなかった。ある冬の日、独歩は雪が降るのに発情し、なんだか甲高くうねるような声を発しながら雪の降るなかをメスを求めて出ていったのである。

しかし彼は、思いを遂げないままに帰らぬ猫となった。ちょうど彷徨《うろつ》いていた大きな犬に出遭い、私の想像だが、犬は億劫《おっくう》がりながらも佳《よ》い運動だとばかり独歩をかまい、彼はとうとう力尽きて雪中に倒れたのである。発見した高校生の私は、彼のために初めての葬儀を行ない、戒名もつけた。「独尊院雪中漫歩居士」がそれである。もてなかった独尊というのも、なんだか切ない。じっさいは漫歩じゃなかったかもしれないが、それはせめてもの餞《はなむけ》というものだ。

そういうわけで、出家まえの私の周囲には、概《おおむ》ねいつも猫がいた。しかし私と弟が出家すると間もなく、両親はお盆にお寺に捨てられた子犬を飼いだした。道場から休暇で戻った私は「ナム」と名づけたのだが、「猫新聞」の読者の皆さんには最後が犬でもお許しいただけるだろうか。「ナム」という名前に免じ、猫も犬もヒトも好きな私をご海容いただきたいのである。

みんなでプリンを食べる勇気

よく、「平和のために戦う」という言葉を眼にし、また耳にする。目的を達成するためには多少の犠牲は当然と思い、またその努力を讃美する風潮は昔からあるのだと思う。考えてみれば「美しい」という文字は「羊」が「大きい」、つまり生け贄《にえ》が大きいことを云うのだから、犠牲の大きさそのものを競っているわけである。

そこには、これだけ頑張ったのだから、それなりの成果はあるはずだ、という信仰さえ感じられる。

しかし目的が「平和」ということになると、どうもこの考え方では済まない気がする。

『老子』第七十九章に「大怨《だいえん》を和すれば、必ず余怨《よえん》有り」とある。つまり大いなる怨みをもってしまった者どうしを和解させたとしても、必ず怨みは後々まで尾をひくものだと云うのである。

老子は、だから怨みをもたないように努力するに越したことはないと云うのだが、しかしもってしまった怨みは和解させたほうがいいだろう。ところが人は、たとえば喧嘩の仲裁というような場面でも、「平和のために戦う」姿勢をとろうとする。だから余怨を残すことになるのである。


どこの家庭でもあることだと思うが、たとえば兄弟が原因はなんであれ喧嘩を始めたとする。その場合、親であるあなたはどのようにして喧嘩をやめさせるだろうか？「喧嘩なんかやめなさい」とは誰でも云うことだろう。しかしそんなことぐらいでやめはしない。さて、どうするか？

諄々《じゅんじゅん》と喧嘩の無意味さを説く、という人もいるだろう。しかしそれを聞くようなら初めから大した喧嘩じゃないとも云える。さあどうする？

怒鳴る。それでもダメなら殴る、という流れではないだろうか？　ここに「平和のために戦う」という理屈が、脈々と生きているのである。しかも、じつは諄々と説くところからその流れは始まっている。

平和であることを望まないことは確かにあり得ない。しかし誰もが望むからといってそれを大義に掲げてしまうと、すぐにそれは戦闘態勢の幕開けになる。

これまでのどんな戦争も、この大義が見つかったときに始まったのである。戦争の原因は「正義」だと云ってもいい。だから親も、喧嘩をやめさせるという正義に染まり、その正義を貫くためには「愛の鞭《むち》」も惜しまない、となるのだろう。

しかし、子供は親の真似をするものだ。自分の要求を通すためには、ああ、怒鳴ったり暴力を使ってもいいのだな、という原理を彼らはそこから学ぶだけなのである。そして気づく。あれ？　それは自分たちの喧嘩と同じではないか。ただ親のほうが力が強く、子供の生殺与奪《せいさつよだつ》を握る権力をもっていたというだけのことか……。

私の知人に、かわった喧嘩の仲裁法を勧めている方がいる。子供の喧嘩が始まったら、冷蔵庫からプリンなど出してきてまず子供たちを誘う。それでも大抵喧嘩しつづけているから、構わずに三つのプリンを食べてしまうのだという。そして「あなたたちが喧嘩しているからお母さんが全部食べちゃったわよ」と、嬉しそうに云うのである。

次の日も喧嘩になったら今度はババロア、その翌日はフルーツポンチというように、いずれ子供たちの好きなものを美味《おい》しそうに食べてしまう。むろん保存しておくのは、自分も好きなものにしておくべきだろう。たいがいそれが三日も続くと、子供たちも考える。「どうもこのままいくと、自分たちは大変な損をするのではないか?」。ほぼ三日程度で、喧嘩をやめるようになると、その人は云うのである。

もちろんこの方法には犠牲もある。喧嘩が一日一度とは限らないから、そのたびに食べていては糖尿病になるかもしれない。家庭の平和を実現するために糖尿病になるのも美しいかもしれないが、そこはそれ、何年も余計に生きてきた大人なのだから考えてほしい。

要は、平和とはそのようにして実現するものではないか、ということなのである。近頃の世界には「愛の鞭」の論理が満ちている。

しかし「愛の鞭」が通用するのは、鞭をふるう側の力がふるわれる側に勝っている間だけだから、そこで達成されたものも本当の「平和」などではなく、余怨くすぶる膠着状態にすぎないのではないだろうか？

老子はまた「三宝」の筆頭に「慈《いつく》しみ」を挙げ、慈しみが溢れる存在は人々の心服が得られているから本当の意味で勇敢になれるのだとも云う。戦争をして儲けたいとか、食料問題のためにも少し人口を減らしたいとか、そういうことじゃなく本当に平和を希求しているならば、我々はむしろみんなでプリンを食べる勇気をもつべきなのではないだろうか？

私はべつに、ブッシュ大統領だけに申し上げているわけではない。

A少年に五百年の暗闇を

中学一年生で身長は一六五センチ、学校の成績はとても良く、読書好き。とくに小説が好きでシャーロック・ホームズやポーの推理小説、あるいは『三国志』などの戦国歴史ものを読んでいた。今どき珍しく挨拶もきちんとできるし口調もはっきりしている。周囲の大人受けもよく、非行とは無縁な明るい秀才。

別に自己紹介をしているわけではない。これはいろんな週刊誌などに書かれていたA少年に関する描写を、適宜《てきぎ》に集めてみたのである。むろん元ネタは、各雑誌の記者さんたちが、周囲の人々に取材したものだ。それにしても、なんて私みたいなんだろうと思う。

それではもう一つ。

性格は地味でおとなしいが、何かあるとパニクって、キレたら怖い。情緒不安定で、整理整頓が苦手。

今の私の性格が地味でおとなしいとは云わないが、十二歳のころの私はそんな感じではなかっただろうか。それに滅多にパニクったりキレたりはしなかったけれど、キレたら怖い存在だったとは思う。通信箋にはいつも「落ち着きがない」と書かれた。給食のパンが食べきれず、残したパンがごろごろ入っていた机も、「整理整頓が苦手」の部類だろう。

つまり、私も何か大それたことをしでかしていたら、同じように書かれただろうと思うのだ。

A少年は、「今、何時ですか？」とよく大人に訊《き》いたらしい。たとえば住んでいるマンションのエレベーターホールなどで擦れ違うとき。あるいはゲームセンターの管理人に。これも私にはよく解る心理だ。ある週刊誌には母親に叱られるのが嫌で常に時間を気にしていた、と報じられていたが、おそらくそれだけではないと思う。

顔見知りの大人がたとえば遠くから近づいてきた場合、私も子供のころとても困った覚えがある。挨拶はするのだが、それだけではなんとなく素っ気ないような気がする。それで何か云おうとするのだが、子供が大人に話しかける話題などそうそうあるもんじゃない。だから「今、何時ですか？」と訊くのである。

あるときは道で父親が歩いてくるのを見かけた。「こんにちは」と呟いて以前叱られたことがあったから、時間を訊いたのだった。時間を訊くのは水を向けるようなもので、それがきっかけで向こうから何か話してもらえることが多い。それで、話すことが思い当たらない気まずさを回避することができたのである。こうして見ていくと、私はかなりA少年に似ていたように思えてくる。

そうでなくても、禅では「乾坤只一人《けんこんただいちにん》」と云う。此の世に存在するあらゆる人間の可能性は、自分のなかにも眠っていると思え、というのだ。むろん殺人者も泥棒もそうだが、新聞を開いて目にする全ての佳いことも悪いことも、状況さえ揃えば自分がしていたかもしれない。そう思えというのである。それはあらゆる人間のもっている遺伝子が、九九・九九％まで同じだということとも符合する。個性と呼ばれているのは、おそらく数％しか目覚めていないと云われるその遺伝子の、ズレのことを云うのだろう。

どんな事件でも、一歩間違えば自分もしていたかもしれない。そう思うことが全ての出発点なのである。

子供は無邪気であり残虐でもある

同じような遺伝子をもって生まれたという意味で、全ての人間は平等である。しかしもって生まれた遺伝子のどの部分が目覚めるか、というのは偏《ひと》えに生活にかかっている。そこには厳然たる不平等がある。

A少年と似たような私でありながら、お医者さんごっこをしたこともある私でありながら、年下の男の子に好意をもったこともある私でありながら、教室でみんなで寄ってたかって特定の男の子のズボンを脱がせたこともある私でありながら、しかし私はその辺りで踏みとどまった。その少しの違いが、いったいどこからきたのか。

なにがきっかけだったのかは忘れたが、私は小学校四年生のとき、級友に命を狙われたことがある。向こうがどの程度本気だったかは知らないが、彼は独りでいる私を見つけると、「肥後《ひご》の守《かみ》」と呼ばれるナイフを抜いて刃を光らせ、私のほうに走ってきた。私は必死で人のいるほうへ逃げた。学校じゅうを泣きそうになりながら逃げ回ったこともある。人混みに入ると彼もナイフをしまって知らないフリをする。しかし教室に着いてからの彼は振り向く私に嗤《わら》いかけながらナイフを見せたりした。それが一週間以上続いたと思う。

無邪気で素晴らしい可能性を秘めていると同時に、残虐でもあるのは、じつは大人も子供も変わらない。昔からそうだ。親鸞聖人は弟子の唯円《*ゆいえん》に、「千人殺せ」と云われたらお前は殺せるか、と問う。唯円は「できません」と答えるが、お前ができないのは単にそういう「縁」がないからにすぎないと、悲痛にも親鸞は説くのだ。「縁」さえあれば、人とは千人でも殺してしまう存在、私も私を追いかけた彼も、それほどの「縁」はなかったというだけのことなのである。

今回の報道をいろいろ見ていて思うのは、Ａ少年の特殊性をなんとか捜したいというマスコミの基本的な態度だ。我々とは違う、特殊な子供であってほしいのだ。曰く「アスペルガー障害」、曰く「母親の溺愛による性的錯綜の可能性」、曰く「知能は高いのにバランス感が欠けているのは、どこか精神的な欠落があるのではないか」等々、ともかく特殊な個人であってくれれば、全体は安泰なのである。

成育環境としての家庭も、普通であってほしくない。特殊な家庭であればこそ起こった事件であってほしいのだ。その矛先はまず母親に向けられた。ある飲食店の店員の言葉として伝えられたのは、おかずを少年の皿に移し分ける母親の溺愛ぶり。また少年に話しかけても母親に答えられてしまうとも語っている。また幼稚園で我が子をかばい、「子供の欲求を優先させてほしい」と云ったらしいことも記憶されている。むろん現在の夫と、一時離婚して復縁したことも、それほど珍しくはないが貴重な特殊性として特筆される。

しかし、これだけのことをした子供の親であるならば、たとえばその事跡がこれと全く逆だったとしても特殊性として列挙されていただろう。つまり、子供にあまりに無関心で、急に子供を怒りだす。まるで我が子が憎らしいとでもいうように正義感が強かった、というような場合も、子供が事件を起こしさえすれば必ずやその遠因と推定されただろう。一度も離婚していなかったにしても、それに代わる特殊性はすぐにも見つけてきたに違いない。

何も私は、いたずらに話を混乱させたいわけじゃない。

実際ある別な週刊誌には、近所の住民が見た母親像が次のように描かれている。

「母親は飾り気のない地味な方でしたね。決して社交的ではなかったんですが、こざっぱりとした清潔感のある女性で、きちんとした方でした」

いたずらに混乱させたいわけではないが、どうか混乱してほしいと思う。つまり、こうした報道ではとくに、仮説に基づいて情報が収集されるわけだが、どうしても人間の多面性が期待に反して滲み出てしまうということだろう。テロリストという人格があるわけじゃないように、私のクラスで少年院に入った少年も義侠心があり、皆に好かれる奴だった。A少年にしても、少なくとも現行の教育システムの中ではとても優秀で真面目な中学生だと判断されていたことは確かなのである。

いったい何故に、彼がこんなことをしでかしたのか、それは判らない。ただ私としては、自分だってその可能性を秘めながら、すんでの所で踏みとどまってきた僥倖に感謝するだけだ。帝釈天が夜叉に変身することを思えば、ふだん優しくて真面目な子供だって何をしでかすか分からないのは当たり前のことだ。

だから、おそらく教育委員会が全体の管理をきつくしたとしても、あまり意味はないだろうと思う。

子供の可能性を信じ、その成長を支援するという教育機関の在り方は、こんなことが起こってもなお総体としての子供を信じるという主張ができなければ意味がないだろう。

本来、信じるというのはそうした底抜けの心だ。

理解することと信じることは違う

現実には、しかし十二歳の犯行ということもあり、学校も家庭も大騒ぎである。誰もがこんな怖ろしい犯行をする可能性を秘めているけど信じる、などという私の言葉は、世迷《よま》い言《ごと》にしか聞こえないはずである。どだい今の学校や家庭で、信じることなど教えられてはいない。

理解しなさい。全ては理解できるはずだという信念は、いかにも科学的でアカデミックに思える。A少年は接見した弁護士に「推理小説は、事件の筋を追って自分の判断で解決にたどり着いたときの気持ちが、（中略）関心がある」（「週刊朝日」二〇〇四年七月二十五日号）と述べたという。学校教育を優秀に受けとめている少年には、当然世界は理解できるものだという先生方の情熱が沁みとおっているのである。

しかし学業優秀でオウム真理教（現アーレフ）に入信していった幹部たちを見るまでもなく、人は恐らく理解することだけでなく「信じる」ことも欲しているのだと思う。換言すれば、「不思議」を見たいのかもしれない。

思えば私が、かなりきわどい悪さもしながらギリギリの一歩を踏みとどまれたのは、心の底で何か解らない「畏《おそ》れ」を感じていたからではなかっただろうか。

「そんなことをしたらいつか自分に返ってくる」「地獄で舌を抜かれるかもしれない」「誰に見られてなくても、お天道様は見てる」「針の山や血の池には行きたくない」。

今となってはどれも物語と思えるけれど、当時の私はどこかでそうした罰を信じていたような気がする。いや、本当のところは今だってはっきりあり得ないと否定はしきれない。

そうした宗教的な物語を、学校でも家でもしなくなってから久しい。特定の宗教を公教育の場で勧めていけないのは理解できるが、教育基本法に謳われる「宗教的寛容の心」も、今のように全ての宗教の内容に触れない状態では培いようがないだろう。

白隠禅師の自伝「壁生草《いつまでぐさ》」に、村のわんぱく仲間がカラスの雛を三、四羽捕まえてきてつっつきあって騒ぎ遊んでいて、自分も仲間に入ろうとしたが、日蓮宗の説教で聞いた焦熱地獄の話が歯止めになって立ち止まるという逸話が出てくる。結局彼は走り戻って母親に地獄からの解脱法を訊き、天神信仰に入るのだが、そうした原体験から修行者には見性《けんしょう》を説きつつも民衆には勧善懲悪・因果の法を説くことにしたと云う。

親も先生も、もっと方便としての説教をすべきではないだろうか。子供にも大人と同じ情報でいいと考えるのは、平等ではなく怠慢だと思う。

地獄・極楽に限らず、信じるというのは、いわばイマジネーションの涵養《かんよう》である。そして理解できないことを、理解できないままに気分を落ち着かせることのできる、おそらく最も普遍的な方法なのである。極端な言い方をすれば、私は適当な時期にお医者さんごっこできたことを幸せだったと思うが、そこにさえ、何かを信じ、何かを畏れる雰囲気があったような気がするのだ。

オウムの人々は肉体的「行」による恍惚におそらく不思議を感じた。それとは違うとしても、A少年や酒鬼薔薇少年も、なんらかの不思議を求めつつサディスティックな行為をエスカレートさせていったのではないだろうか。

専門家たちは、それぞれに自分の学問分野からの意見を述べる。特技だというゲームに熱中していては、ことの結果を予想して暴走にブレーキをかける前頭前野が発達しないという「脳科学と教育」からの観点。あるいは母親の過保護や両親の不仲による不正常な発育を指摘する臨床心理士。また心と体、とりわけ性的なアンバランスの原因を探ろうという精神医学者など。

いずれも、A少年の特殊性を浮き彫りにしようとしながら、却《かえ》って社会全体がこの半世紀以上経済成長の陰に置き去りにしてきた誰にも共通する暗部を炙《あぶ》り出してしまう。知れば知るほど、Ａ少年もその家庭も、今や日本のどこにでもありふれた家族の姿なのである。

一宗教者として、根本的な対応策を訊かれるなら、私としては学校や家庭における「不思議」の提供を是非とも求めたい。サンタクロースでも地獄でも極楽でも天国でも、あるいはさまざまな神さまも仏さまも、それは人間が永年かけて培ってきた「不思議」そのものだ。

理解することだけでは満足できない子供たちを、「不思議」は時にイマジネーションの世界に遊ばせ、また時には抑止する力も養う。子供にとっては、その壮大な実験場がお医者さんごっこではなかっただろうか。

どんな物にも神さまが宿っているから傷つけてはいけないとか、ウソをつくと舌を抜かれるとか、悪いことをすると天狗に連れて行かれるとか、なんでもいいのである。特定の宗教に偏ることを望んでいるわけではない。宗教の本質がそうだとは云わないが、どんな宗教にも子供が呑みこみやすい物語が用意されているものだ。「呑みこむ」

とは、理解するのではなく信じることなのである。

それらの物語が、正しいと申し上げているのではない。しかし、誰か間違っていると証明できる人がいるだろうか。あるいは、子供の頃に聞かされたその手の話で、何か実害を被ったという人がいるだろうか。

子供だましの迷信、あるいは非科学的な洗脳だと憤ったり嗤ったりする人は、たぶん子供がそれを「呑みこむ」ことの効果をあまりに過小評価しているからだ。

理解したわけではない不思議を「呑みこむ」ことで、おそらく子供たちはエキセントリックに不思議を外に追い求めることをやめるはずである。お医者さんごっこにも自ずと節度があったように、である。今や子供でも自由に見られるヴァーチャルな過激サイトに、神秘や畏れを促す不思議は全くない。

もう一度申し上げるが、子供は不思議を欲している。もうそろそろ一神教型に改造された国家神道の弊害を忘れ、一神教ばかりのアメリカ教育の宗教対策を真似ることをやめて、日本の豊かな神仏たちを学校でも解き放っては如何だろうか。

半世紀かかって無化されたものがそう簡単に回復するとは思えないが、私としてはどうしてもそう云わずにはいられないのである。

なんだか遥かな予防の話に聞こえたかもしれない。長崎の、あの現実はどう考えるのかと迫られそうだ。

基本的には、日本は宗教ではなく法的処罰のもつ抑止力に期待しているわけだから、犯罪の低年齢化に対応する措置が法的になされなければいけないのだろう。私は必ずしもそうした処罰に本当の抑止力があるとは思っていないが、それがせめてもの慰めなのかもしれない。

A少年の五百年間の暗闇

仏教は人間の尊厳を説く。それは身分や職業に拘わらず平等な、人間の可能性のことだ。だから人を生まれや身分で差別することは厳に慎むべきこととされる。それなら何で人間を見るかといえば、百％「行ない」によってだ。行ないさえ立派なら立派だし、いくら立派な家に生まれても「行ない」によっては処罰される。

それならあの「行ない」に対し、どんな処罰が妥当なのか、ということになるが、これは私にはひどく難しい。駿君の父親が「同じめに遭わせてやりたい」と云ったらしいが、現にそれを法的に認めている国もある。国家がそれを代行するという考えもあり得るのかもしれない。しかし一方で私は、憎しみの連鎖を招きたくない気持ちから、「怨みに報いるに徳を以てす」という法句経《ほっくきょう》の一節が浮かんだりもする。国家の法として、それはあり得ないと思いつつ、である。

何よりの難しさは、被害者やその家族が受けた苦しみと同等の苦しみを与えるという数学が、苦しみが定量化できない以上成り立たないことだろう。たとえば死刑が苦しみかどうかも、一概には云えないことだし、少年法が改正されてA少年が少年院に行ったとしても、それがどれほど苦しいものかは彼の受けとめようだからである。

また、どんな処罰であれ、死刑以外なら更生したかどうかという見極めが大事になるわけだが、これもじつに難しいことだ。

『週刊文春』には、一九六九年に高校一年で同級生を四十七カ所メッタ刺しにした上、首を切り取った犯人が、その後少年院で六法関係を学び、名前を変えて現在法律に関わる仕事について相当の地位と収入を得ている例が紹介されている。

　A少年も、手塚治虫の『ブラック・ジャック』のほかに学習参考書や日本の歴史書を鑑別所で借りたそうだから、きっとこの学歴社会では名前でも変えて出世していくのだろう。真面目に勉強していれば更生したことになるのでは被害者もその家族も浮かばれないし、社会は不安どころか歪みさえ抱え込むことになる。

　所詮、人は過ちを犯す。罪を犯す人もそれを裁く人も、更生を見極める人も、である。

　より多くの人が安心できる道を法的に探ることは大切なことだろう。しかしどんな処罰が与えられても、人を殺《あや》めた罪に此の世で帳尻を合わせることは不可能ではないかと思える。

　死刑に七種類ものやり方を設定し、しかもさまざまな拷問まで発達させた中国でさえ、死後の地獄や極楽を認めたのはそういう事情である。想像を絶する殺し方やあまりに理不尽な死に方が昔からあったから、なんとかあの世を含めてでも因果の帳尻を合わせたいと切に願ったのだ。つまり世界が合理的に理解できると教えたいなら、どうしてもあの世のことまで教えなければいけないということだ。

あの事件について生徒たちにどう話していいか分からないという先生たちは、この皮肉な理屈を真剣に受けとめてほしいと思う。

宗教的には、人を殺めれば同時に自分をも殺したのであり、その人間が世俗的になんとか過去を誤魔化して出世できたとしても、神や仏はそれを認めない。しかし同時に、そんな人間にさえ最後の救いを差し伸べることができるのも、また宗教しかない。


いつかご縁があれば、A少年に云ってあげたい。

君は悪いことをしたんだから、まっすぐ極楽に行くことはできない。だけど心配しないでいい。暗い蓮の萼《がく》の中にしばらくは居なきゃならないけど、五百年くらいして、しかも阿弥陀さまの慈悲を疑いなく信じることができたら、やがて極楽に行けるかもしれない。『大無量寿経』にそう書いてあるんだ。

本当はこれを、事件が起こるまえに話してあげたかった。五百年間の暗闇というのは、まだ何もしなかった少年には充分な抑止力をもったと思うのだが、どうだろう。

最後に、犯行の処分とは別の問題として、この国が再び豊かな物語に溢れ、そのためには怖れずに八百万的な宗教教育を採り入れてくださることを切に祈る。また駿君が必ずや浄土で、仮面ライダーと楽しく遊んでいることを祈りつつ、擱筆《かくひつ》。

合掌するが、合掌とはこんなにも無力でせつないものだったのだ。

＊【唯円】鎌倉中期、親鸞の晩年になってからの弟子で、直弟子の一人。親鸞の孫に当たる唯善の師で、『歎異抄』の編者とする説もある。常陸河和田に住していたことから常陸河和田の唯円と称される。（一二二二―一二九六）

七章　日本人の心を楽しむ

生き残っているか「もったいない虫」

二〇〇四年、環境分野では初めてのノーベル平和賞を受賞したケニアのワンガリ・マータイさん（六十四歳・二〇〇四年当時）が、さまざまな波紋を残して九日間の日本を後にした。波紋の最大のものは、彼女が「もったいない」という日本語に感動したことではないだろうか。

ケニアの副環境相でもある彼女は、来日初日のインタビューで「もったいない」という言葉を知り、感動したという。これこそ世界にアピールすべき、日本の文化だとまで云ってくださったらしい。

感動されたのはいいけれど、いったいそれを聞いた日本人はどういう反応をしたのか、些《いささ》か気になる。なぜならこの言葉、まもなく死語になるんじゃないかと思っていたからである。それほどに、今の日本に「もったいない」文化は失われつつあると思う。

「もったいない」は普通「勿体ない」と書かれるが、本来は「物体ない」である。その物が、本来あるべき意味と機能を実現できなくなってしまうことを惜しむ心情といえるだろう。まだ使えるものを捨てるのも、妙なものに大枚払うのも、それぞれ道具やお金のあるべき「もったい」を台無しにしているということだ。

神仏が、自分などにご加護をくださることも、神仏そのものの「もったい」をなくすことだと、日本人は認識した。救ってくれるのが当然とは思わなかったのだ。これは人間相手にも使われるが、思えばなんと謙虚で慎ましい人々だろう。「もったいないことです」と受けとめる、人の心の美しさをあらためて感じる。

受けとめる側に謙虚さがなくなると、逆に当然してくれるべきことをサッとしてくれないだけで「もったいぶって」とか「もったいつけて」という感想になる。むろん行為者の内容（もったい）が充実していないせいでもある。そこまでは思わなくても、今の日本人はたいがいのことは対価を払えば済むと思っているから、「もったいない」事柄などそうは見当たらないのである。

世界にアピールしようと云われても、我々の生活に「もったいない」が脈々と息づいていなければ恥ずかしくて口にできないだろう。日本には「恥の文化」もあるはずだからである。

「ゲイシャ」「フジヤマ」「スキヤキ」「テンプラ」をはじめ、日本はこれまでさまざまな文化を発信してきた。「パチンコ」「カラオケ」もそうだし、一方では「ゼン」「サトリ」なども国際語になった。最近では「ツナミ」も通じるだろう。恥に思うか誇りに思うかは別として、これらはいずれも実体を伴っていた。

しかし「もったいない」は、その意味では「ニンジャ」や「サムライ」に近い。つまり、現在はっきりした実体はないけれど、日本人の心のどこかに住みついている微かな気分なのだ。

さてあなたの心には、「もったいない」虫が生き残っているだろうか。謙虚で慎ましい虫は、大量消費社会を生き抜いてきただろうか。

紙は木でできているし神にも通じるから踏まない。柱に傷はつけない。物は投げない。まだ使えるものは捨てない。捨てるまえに再利用法を考える。神仏には感謝をこめて祈る。太陽を拝む。植物にも挨拶する。なんでもいい。とにかく合理的に対価に換算されない行為を、なにか続けているだろうか。

世界に「もったいない」を発信するまえに、自分の生活のなかにそれを確認し、しっかり育てる必要があるだろう。

それは、今の社会では、アホに見える行為かもしれない。しかしマータイさんの日本への「もったいない」思いを顧みれば、アホに見えるくらい何であろう。彼女の発言を無にしては、それこそ「もったいない」。

なつかしき卓袱台

その昔、といっても昭和四十年代くらいまでだが、多くの日本人は卓袱台でご飯を食べていた。しかし今や、卓袱台と書いても「ちゃぶだい」と読めない人が多いのではないだろうか。

このことは、ひとり食事の仕方だけの問題ではない。要するに、場合によっては食事をし、また茶の間にもなって客間にもなり、夜は卓袱台を片づけて寝室に変わるという、日本ならではの多機能な部屋の使い方に自信がもてず、欧米のような機能別で個別な部屋割りが、いわれもなく導入されたということだ。卓袱台は今や、言葉も現物も、なつかしき歴史的風物なのかもしれない。

慈鎮和尚がこんな歌を詠んでいる。

引き寄せて結べば柴の庵にて解くれば元の野原なりけり

この考え方の延長上に、部屋の多機能性も押入れも、あるいは風呂敷という日本文化もあった。つまり使わないときには何もなくなる。「無」とか「虚」と呼べそうな状態であることが、日本の美学だったと云えるだろう。むろんその背景には禅の考え方がある。

こうした在り方を文化とも思わず、いつのまにか卓袱台も使えない家にしてしまった建築家たちの責任は非常に大きいと、私は思う。

そして卓袱台で食事をしなくなった日本人からは、同時に正座という文化も失われつつある。

日本語では、「人の間」と書いて人間そのものを意味する。これは考えてみればばかなり変わったことだが、全てが卓袱台の周囲で多くの人の出入りのなかでなされた国だからこそ、人の本質もその関係性のうちにあると思えたのだろう。

どだい、幼い頃から厳格に個人主義を仕込まれた西欧の国々とは、心根のでき方が違うのである。

原始時代、鋭い爪も牙もない人間が、猛獣たちの住む環境で生き残ってこられたのは、おそらく我々の先祖が、動物たちが近寄れないほど大きな群れをなす生き物だったからだろう。

いわば、人間のもつ人間らしい能力は、群れで暮らしてこそ開花する、ということではないだろうか。だとすれば、日本の伝統的な暮らしのスタイルのなかに潜んでいた力は、絶大であったと云わなくてはならないだろう。

卓袱台周囲の人々の交流ばかりでなく、正座がもたらす腹式呼吸は他人への受容力をも育《はぐく》んだ。要するに卓袱台の周辺は、関係性を重視する日本文化の坩堝《るつぼ》といっても過言ではなかったのである。

どんどん暮らしの単位が小さくなり、しかも部屋が機能別になることで家族が共有する時間も空間も驚くほど少なくなってきた。このままだと、生物としてのヒトの持つ能力の多くが、開花しないのではないか。少なくとも伝統的日本文化の大部分は次世代に受け継がれないのではないか。そんなことを、私は危惧する。

年をとって膝が痛くなった人は、むろん椅子に坐ればいい。どう転んでもすでに充分日本人なのだから、好きにすればいいと思う。しかし小学生までの子供たちには、是非とも正座を身につけさせてほしい。それこそが日本人になり、日本文化の多くを享受するための基礎中の基礎だからである。

それにしても、いったいどこで正座すればいいのだろう。

卓袱台というものがなくなってしまった今、我々はダイニング・キッチンで途方に暮れるのである。

壊れゆくお正月

「三が日はなんとか休ませてもらえないでしょうか」「ダメ」「じゃあせめて元日。親戚が集まるんです」「あ、いいよ、その代わりずっと来なくていいから。代わりはいくらでもいるんだ」これは地方のスーパーの経営者と従業員との間で、実際になされた会話である。大袈裟かもしれないが、こうして一家の主婦がパートを休めないため、家庭のお正月は確実に壊れてきている。

私が子供の頃は、大抵の店は三が日は休んだものである。しかしその聖なる休日を、経済原理が見過ごすはずはなかった。抜け駆けして少しでも儲けようと競いあっている。要するに、誰もが肚《はら》を据えられず、小心になったのである。

昔は店が開いていないから不便で、そのせいもあって人々は買いだめし、歳徳神《としとくじん》を迎えると云いつつ大勢で集まって飲み食いした。遠くに住む子供たちもそこへ行かないとご馳走にありつけなかった。しかし今はコンビニもスーパーも開いているから、べつに実家に戻る必要もないのである。

今更コンビニに抵抗しても始まらないだろう。コンビニとは、おそらく今の日本人の根本原理なのである。

しかしせめてコンビニの経営者にはお願いしたい。なんとか、元日だけは休んでほしい。今や開いている店にあえて行かない節度など客には期待できないから、経営者の皆さんにお願いしたいのである。どうかお正月をこれ以上壊さないでいただきたい。

その際気になるのはお正月にお寺に大勢やってくる風来坊たちだが、彼らにもやはり、貰いだめしていただくしかないだろう。

ここ数年元日にも開いていた店が、今年は閉まった。「しまった」というのが嬉しい叫びになったのである。あ、しまった、こんなこと文藝家協会の会報に書いたって、コンビニまでは届くまい。

火番

臨済宗のお寺では、住職の謙譲語もいろいろある。単に「小住」と書くのが今は最もポピュラーだが、昔はよく「火番《かばん》」というのを見かけたものだった。

たとえば私の住む福聚寺なら「福聚火番」誰それ九拝と、封筒の裏書きなどに書いたのである。因《ちな》みに、ほかの謙譲語では「野衲《やのう》」「幣居《へいきょ》」などがあるが、最近は殆んど見かけなくなってしまった。

「火番」を普通に考えれば、客間にある陸火鉢の炭や鉄瓶の番をし、さらにはお寺が火事に遭わないように火の用心に努めるのが住職の仕事だと受け取れるだろう。むろん火鉢や鉄瓶の番ということは、客の相手という意味合いでもある。

たしかに朝起きて、一番先にすることは炭を熾《おこ》し、鉄瓶用のお湯を沸かすことだ。それによって淹《い》れたお茶を仏さまに供えて自分たちも戴く。それからカレンダーを捲《めく》ったり新聞を読んだりしはじめるのである。

道場で読み上げられた告報《こくほう》でも、「和合第一」「火の用心第一」と、繰り返し云われた。どちらが本当の第一か、と訊きたくなるほどだったが、やはり比べようもないくらい、どちらも重要なのだろう。


最近ではお寺にも「防火管理者」が必要で、避難経路などを書いて提出しなければならないが、ずっと以前から、お寺ではいざという場合の搬出優先順位を決めていた。うちのお寺は江戸時代に二度火事に遭っているが、いずれの時にもご本尊の釈迦如来坐像と十一面観音像、そして過去帳だけは助かっている。

現在もそれに従ってもしもの時を考え、その二体の仏像と過去帳を先ず運《ま》びだし、そして余裕があれば脇侍仏《わきじぶつ》、さらに余裕があれば口に貯金通帳をくわえて出ようと言い合っているが、もしものことなど起こらないに越したことはない。

江戸時代、本堂の再建には十五年の月日を要している。二度目の火災は町内の多くの寺を巻き込む大火だったが、二十五年かかって建て直したお寺もある。寺という公共の建物にとって、「火番」というのは謙譲にならないくらい重要な役目なのかもしれない。

もう一つの火鉢の番、つまり客の相手という仕事も、これまた重要である。「玄関」というのは実は「幽玄」なる「関所」であるから、そこでは入堂すべき人が峻別《しゅんべつ》される。「幽玄」というからにはその選別の基準も此の世的であってはいけない。いわば聖なる基準をクリアーした人のみが玄関を通過して火鉢の前まで進むのである。

聖なる基準とは何か、ということになるが、これはお茶の躙《にじ》り口を想えば解りやすいかもしれない。そこで人はあらゆる此の世的な衣服を脱ぎ捨てる。つまり貴賤、貧富の意識、さらには権力や社会的地位などという余計な装飾を取り去って、「無位の真人《しんにん》」として火鉢を挟んで向き合うのである。

茶の間では鉄瓶が松籟《しょうらい》を響かせ、静寂が磨きたてられる。そして二人の間に火は、穢《けが》れなきものの象徴として自らを燃やしつづけるのである。

そこで行われるのは、お金の無心でも選挙運動でもまた保険の勧誘でもなく、欲を云えば悩み事の相談でもないし何かの頼み事でもない。つまりいわゆる世間的「意味」というものから解放された逢瀬が実現しなければならない。そして人は、そこで淹れられたお茶をただ、「無意味」に飲むのである。

社会は、あまりに「意味」や「効用」に染められて運営されている。政治や経済を抜きにしてはまるで一日もたちゆかないとでもいうように、人は目的に沿って効率的に行動する。お茶でさえ交渉の潤滑油だったり、あるいは痩せたり病気を治す「ために」飲まれる。しかし我々の生きる時間は、本当はもっと「無意味」なのではなかったか？　そのことに気づくことが「喫茶去《きつさこ》」という禅語の本質なのだと思う。

無意味な人生に、我々は方便として志を立て、その「有為の奥山」に努力して登ろうとする。それは「生き甲斐」とも呼ばれ、重要なことではある。しかし「有為」である以上、どこかに無理がある。だから人は、茶室に入って「無為」を味わい、日常の疲れを癒す。お寺の火の前も、そういう場であれば、と思うのである。

以上は、あまりに現実離れした夢のような話かもしれない。現実には、炭火を使っているお寺だって今や殆んどないし、世間と同様の経済観だってお寺にも流れ込んでいる。しかし私が云いたいのは「火番」が守ってきたのは単に火だけではないだろうということだ。

「壺中《こちゅう》の天」という言葉もあるが、あまりにも世間さまと地つづきになってしまった今だからこそ、お寺の周囲にだけは別な「天」が存在してほしいのである。

八章　この世とあの世を楽しむ

色即是空

「色即是空」とは、云わずと知れた『般若心経』の一節。あらゆる存在には単独で恒久的な自性があるのではなく、すべては縁起のうちに無常に変化するということだ。

こうした哲学的な言葉であるにもかかわらず、私はなぜか桜を見るとこの言葉を憶いだす。いや、時にはこの言葉から桜を連想することさえあるから不思議だ。

風や天気に大きく左右され、しかもその美は無常を代表するかのように儚《はかな》く短い。桜のそうした在り方も、むろん関係しているのだろう。

しかし基本的には、桜に向き合っていると「空」という「いのち」そのものを感じるからではないだろうか。

あらゆる概念を離れ、言葉を忘れさせる何かが桜にはあるような気がする。この木に神を感じた古代の人々の感性は、そうした力を直観したのだろう。

「いのち」は「今ここ」に流動しつつあるだけだ。

歴史も、あらゆる価値判断も、「いのち」を淀ませるものでしかない。しかし人は、なぜかそんな「色」に縋《すが》らずには生きられない。

そんな人間の愚かしくもせつない姿を、桜は毎年神さまのように静かに告げてくれるのである。

歳《とし》をとるにつれて桜が味わいを増すと思えるのは、我々が神さまに近づくからだろうか。それとも、せつなさを熟知してくるからだろうか。

「東洋的福祉」という提言

「福祉」という言葉の発生はじつに古く、中国の『詩経』にすでに登場する。『詩経』をまとめたのは孔子だが、それは紀元前九世紀から七世紀にかけての詩を収めたものだから、その頃には「福祉」が存在していたことになる。

しかしむろん、当時の「福祉」と今の「福祉」では意味が違う。

最も大きな違いは、昔は「福」も「祉」も、神さまの与《あずか》る事柄であったことだろう。

簡単に云えば、「福」とは祭卓《さいたく》（示偏）に酒樽などのお供えを置き、神さまに「さいわい」を求めること。そしてそれに応じて神さまから賜った「さいわい」を「祉」と呼んだのである。

ちなみに『詩経』には、「既に帝の祉《さいわい》を受く」とか「茲《こ》の祉福《さいわい》を錫《たま》ふ」などの表現もある。

いや、べつに、ここで漢字のお勉強をしていただこうというわけではない。要は、人間の思惑を離れた神の領分にあったものが、今のように人間の「仕事」にさえなってきたとき、そこで失われるものがあるのではないか、ということを申し上げたいのである。


今から七十年ほどまえ、ドイツに現れた一人の男が、全ての「福祉」は自分が与えるものだと考えた。たぶん人々も熱狂的にそれを支持したのだろう。だから「ハイル・ヒットラー」と口々に叫んだ。この「ハイル」は「福祉」のこと。従って「ヒットラーに幸いあれ」ということだが、同時に幸いは彼がもたらすと考えられてもいたということだ。

極端な例と思えるだろうが、やがてその主体が複数の人々になり、あるいは組織になろうと、基本的にその危なさは変わらないと私は思う。どうしても、所詮人間のすること、と思えるのである。

人間と神の、最も大きな違いは何かと考えると、これは神じたいの在り方が洋の東西でかなり違うから、簡単には云えない。

西洋では当初、神とは裁く存在だった。つまり正しさをジャッジするのである。ブッシュ大統領を想うまでもなく、人は誰でもこのジャッジの真似をしたがる。しかしそれが誤りを多く含むことは、歴史に無数の証拠があるはずである。

英語で福祉は「welfare」あるいは「well-being」というが、ここにも「well」というジャッジが含まれている。それを判断するのが神であれ人であれ、ちょっとこれは怖いと感じる。「良さ」や「正しさ」を押しつけられてはかなわない。これは私のイメージする東洋の福祉ではないと、感じるのである。


ではもう一方の東洋の神さまとはどんな存在なのか……。簡単に云えばそれは、何より人間の思うに任せない自然に宿り、その全てに浸透する存在だろう。

大洪水でノア一家だけが助かったことに神の意志を見るのではなく、むしろ洪水そのものに神を見出そうとする。人間には考えても考えても及びもつかない思惑が、そこにはあるのだろうと信じるのだ。

別な云い方をすれば、東洋的な神さまとは、因果律では理解できない存在である。くだいて云えば、あらゆる「ご縁」の背後にいる存在と云ってもいいだろう。

なんだか難しい話になってしまったが、私が申し上げたいのはそう難しいことではない。

西洋では、神のジャッジがスタンダードになるから、ハンディキャップの目安がはっきりしている。眼が見えない、脚が不自由だ、などというのは、神が自らに似せて作った姿から外れるから、すぐさま救護の対象になる。そこがはっきりしていたから、キリスト教圏においては早い時期に welfare や volunteer の意識が発達したのである。

しかし東洋はというと、そこが単純には割り切れないのだ。

たとえば『荘子』には、眼が見えなかったりセムシだったり、あるいは片脚を刑罰で切り落とされたような人が多く登場する。しかも彼らは、援助すべき可哀相な存在として猫かれるのではなく、むしろ尊敬すべき対象であることが多い。外形の不具なものこそ、内に徳を具えやすいと考えているようなのである。

有名な「渾沌」の話なども その典型だろう。要は感覚器がすべて揃っていないほうが、つまり少し渾沌としているほうが、人は元気なのだと荘子は見ている。

そうなってくると、誰が救護すべき存在なのか、はっきりわからないことになる。老齢になることじたい、東洋では単純に衰えとは見ない。老化はむしろ、幼時に持っていた全体性を取り戻す敬うべき変化と見なされてはいないだろうか。


しかし実際のところ、福祉の現場で大切なのは、この「訊いてみないと誰が救護すべき存在かわからない」という前提ではないだろうか。救護するとか援助するとか助けるというような認識は、東洋的には非常に傲慢で偏《へん》頗《ぱ》な見方なのである。

よく街角で、「あなたは幸せですか」と訊く新興宗教を見かける。私も訊ねられたことがあるのだが、彼らは私が「幸せですよ」と答えても引き下がらないから凄い。「いいえ、あなたの感じる幸せは本物ではありません。本当の幸せを教えてあげましょう」と怯《ひる》まない。まるで西洋的な神さまの真似ではないか。

しかし東洋においては、やはり他人の幸せなど思いもよらないと考えるべきだろう。

「さいわい」は、台風や大雪をもたらす同じ神さまからの賜り物なのだから。

福祉に関わる人々の最も陥りやすい考え方は、他人の幸せを自分が知っていると思い込むこと。これが西洋的スタンダードの影響であろうと、私は申し上げた。

それなら東洋的な福祉の考え方は、具体的にはどう実現すればいいのだろう。

そこで提言したいのが、「遊」という在り方だ。

「遊」という文字は、本来は主語が「神」に限定された言葉だった。なぜなら、我々の理解できる因果律で解釈できないのが「遊」だから。つまり「なんのためというより、ただ単に楽しい」のが「遊」なのである。

これを得意とするのが観音さまだ。観音さまという方は、人助けを遊戯として行なっている。「してあげた」などという拘りの意識は微塵もないから、いつでも誰にでもすぐさま応じられ、しかも上機嫌でいられるのである。

だいたい普通に考えたって、「良いことを」「あなたのために」していると思い込んでいる人になど、世話になりたくないではないか。私はできれば御免蒙《こうむ》りたい。

つまり東洋的福祉を煎じ詰めると、どこかが不自由であれ高齢であれ、そんなことには関係なく、敬愛の関係のなかで「ご縁」に応じて「遊ぶ」ことになるのだろう。それは自分の想う「あなたの幸せ」を押しつけるのではなく、たぶん相手に応じながら、自分の深い部分で感じる本能的な「楽しさ」に従うことではないだろうか。

福祉の現場でご苦労されている方には、ずいぶん高望みに聞こえるだろうか。しかしじつは、私は福祉のお世話になるほうの方々にも高望みしたい。

つまり私の考える東洋的福祉においては、福祉に従事する人々に「義務感」で動くことを放棄してほしいわけだから、当然彼らが「遊び」に熟練するまでは、一緒に遊んで楽しくない人は遊んでもらえない。だから世話になるほうも、楽しく遊べる人になってもらわないと困るのである。

お医者さんの「元気」と「祈り」

以前父が、健康診断で「要精検」というハンコの押された通知をもらい、ずいぶん慌てたことがあった。それは「要精検」という漢字三文字のかもす力が、ずいぶん健康に悪いことを感じさせる体験だった。

後に健康診断にかかわるお医者さんに訊いたところ、検査では少しでも疑わしければジャンジャン押すので、実際に再検査で重大な結果が発見されるのは五百人に一人だと云う。むろん自治体によってもずいぶん違うかもしれないが、ともあれ大部分の人はいたずらに心配してストレスを抱え込んだだけ、ということになる。「糠《ぬか》喜び」

の反対であるこんな事態は、なんと表現したらいいのだろう。

むろんだからといって、私は健康診断をやめればいいと申し上げたいわけではない。ただ、表現をもっと柔らかくできないか、と思うのだ。「要精検」ではなく、たとえば花丸の四分の一だけ欠けたハンコとか、あるいは「念のための検査をお勧めします」など、いくらでも柔らかく意味のある表現は選べるのではないだろうか。

特に日本人の場合、お医者さんへの信頼感というかお任せ感が強いから、ハンコだけでなく現場での表現の影響は甚大である。信頼するお医者さんからこれが効くと勧められればウドン粉でも効いてしまうことをプラシーボ（偽薬効果）と云うが、逆にお医者さんから「これは治りませんね」と断定されれば夢も抱きようがなくなるだろう。

たとえば同じように血糖値が高い状態でも、「血圧も高いほうだし余病も起きやすい。このままだと透析するしかなくなりますよ」と威《おど》されるよりも、私なら「血圧もまあまあだし今のところ余病の心配もありませんが、もう少し血糖値を下げたほうがいいですね」と、優しく云ってほしいと思うのだが、それは甘えだろうか。

しかし私は、言葉で病気が快方に向かうということも、その逆もあり得ると思うのである。

子宮癌を摘出した友人が、先日ある本で骨への転移の有無を骨髄で検査することを知り、自分にはその検査が必要ではないのかと主治医に訊いたらしい。するとその女医さんは、およそ次のようなことを云ったという。「あなた、知りたいんですか」「もし転移していると分かったら、あとはどれくらい生きられるか、という時間だけの問題になるんですよ。それでも知りたいんですか」病院からの帰り、彼女は泣けて泣けて仕方なかったと云う。

確かに女医さんの云ったことは正しいかもしれない。少なくとも間違ってはいないのだろう。しかし医療の現場に期待されていることは、そんなことばかりではないはずである。

免疫学的に云っても、そうした言葉によるストレスが白血球中の顆粒球《かりゅうきゅう》を異常に増殖させ、また著しい交感神経優位の状態になることでＮＫ細胞も機能できなくなってしまうことは明らかだ。大袈裟に云えば、そのお医者さんは彼女の寿命を縮めたのである。

事はどう云えばいいのか、という問題には止まらない。根本的には医療の現場をどう考えているかに帰着する問題だろう。おそらく言葉に出さなくとも、思いは伝わってしまうものだからである。

むろん逆に、思いは些細な言葉に漏れ出てしまうものでもある。以前親戚を検査に連れていった大きな病院で、四十代のとあるお医者さんは患者さんの殆んど全てのお年寄りを「おじいちゃん」「おばあちゃん」と呼んでいた。

本人はそう呼ぶことで親戚のような親しみを演出していたつもりかもしれないが、そんなふうにイッショクタに呼ばれて喜ぶお年寄りは殆んどいないだろう。

カルテを見れば名前は分かるのだから、やはり個人としてちゃんと出逢ったことを、名前を呼んで示してほしい。忙しいのは承知で無理にお願いするのだが、やはりお医者さんと患者との関係は、それ以前に二人の社会人の出逢いなのである。社会人としての言動が尊敬できなければ、そのお医者さんの治療も出す薬も、あまり効きそうもない。プラシーボの逆も、やはりあるはずである。

表現や思いを大きく左右するのは、お医者さん自身の心のゆとりかもしれない。これは東洋的な考え方かもしれないが、気を病んだ人に最も効くのは「元気」なのだから、最終的にはお医者さんたちに元気であってほしいと思う。病気もうつるが元気もうつるのだから、まずはお医者さんたちに元気になっていただき、それから元気を伝える表現を工夫してほしい。

もっと云えば、元気なお医者さんとの会話こそが病気に最も効くのである。統計的に見れば、こんな状況なら今後はこうなるだろうと、お医者さんは予測するだろう。しかし患者たちは誰でも、自分だけは例外的な存在だと思いたいのだ。そこを刺激してもらえば、絶大な快癒力を発揮することもあるのではないだろうか。つまりお医者さんには、常に奇跡を信じてほしいし、それが今この患者さんにおいて起こるかもしれないと思っていてほしいのだ。

願ったことが叶うとは限らないが、願わないことが叶うことはあり得ない。お医者さんに望むのは、常に目の前の患者さんに奇跡が起こるかもしれないと思っていただき、さらにそれを口にしてほしいということだ。それこそが元気なお医者さんではないだろうか。

　患者の家族の訴えなんか怖れず、予測寿命をぐっと長めに云ってみてはどうだろう。正しさを目指すのではなく、祈りを込めてそう表現してみることから、全ては始まる気がするのである。素人の暴言は承知だが、一分の理だけ読みとっていただければ嬉しい。

お盆、御霊祀《みたままつ》り

春と秋のお祭りは、基本的に春には農業の女神に五穀豊穣を願い、そして秋にその収穫を感謝するものだ。宵祭りで神さまを神社までお迎えにいき、お神輿《みこし》に乗っていただいて町の中を見物してもらい、そしてまた神社にお戻りいただく。

しかし夏に行なわれるお祭りの多くは、神社というより、むしろ仏教に関係したものが多い。舞台が神社であることはあっても、それも神仏の良好な関係に由来することが多いようである。

たとえばうちの町では、八雲神社という神社にナスとキュウリを奉納するお祭りがあるのだが、これも深くお盆に関係している。

ご先祖さまが「あの世」から戻ってくるとされるのがお盆だが、その際に、一刻も早くというので来るときはキュウリの馬に乗り、戻るときはゆっくり見物でもしながらナスの牛に乗って、と考えたのである。キュウリやナスを二個ずつ奉納し、別な一個ずつを持ち帰る。そして盆棚に供えて先祖を迎える準備をするのである。


もともと日本では、中国から太陰暦が入る以前から、満月を起点とする暦があったらしい。そして旧の一月十五日と七月の十五日には、満月からご先祖が戻ってくると考え、先祖の御霊祀《みたままつ》りをしていたようだ。一月のほうは小正月として一部地域に残り、旧の七月のほうは中国から流入した盂蘭盆会《うらぼんえ》という仏教行事が完全に重なった。

重なった行事はいずれも先祖祀りを含むので、それは混淆《こんこう》というより、ほぼ同化したというべきだろう。どこから来るかは曖昧だが、少なくとも現代人の感覚としては仏教の説く「十万億土かなたの極楽浄土」とは思っていない。「あの世」のイメージは、もっと古い日本人たちの思い描いた月の世界ではないかと、私は思う。

それはともかく、この世に戻ってきたご先祖たちは、いったい何をしに来るのか？　向こうが素晴らしい世界であれば、わざわざ戻ってくる必要もあるまい、と思うのだが……。我々はなんとなく、自分たちの暮らしぶりを心配して見に来てくれるような気がしている。

それで、盆踊りをおどって元気なところを見せ、安心して帰ってもらうようにするのだろう。

夏には火を使う祭りが多い。大文字焼き、提灯《ちょうちん》祭り、あるいは火祭りなども各地にあるが、これは本来は迎え火、先祖が迷わずに来られるようにという燈明だ。そうして盆踊りで元気を見せ、精霊流しで帰っていただく。むろん場合によっては、送り火で盛大に見送る地域もある。

本来、お盆は七月十五日だけだった。これが江戸時代になって十三、十四、十五日まで拡大されるわけだが、これはもしかすると、祭りの都合もあるのかと思う。

お墓参りはしなくちゃならない。お坊さんの棚経もある。そのうえ祭りも、となると、一日ではやりきれないということではないだろうか。

現在は、十六日までがお盆と認識されているようだが、これは簡単に云うとお寺の都合だろう。お盆はお寺にとっても大きい行事だ。本末関係にあるような寺からも、和尚さんたちが集合するのだ。すると、本寺が十五日にすれば、末寺は遠慮して十六日、ということが起こる。しかし一般の檀家さんに向けては十六日までお盆なんですよ、という云い方になったのだろう。

お盆という期間は、古来の先祖祀りだけでなく、いわゆる無縁の霊や、ふだん虐げている魚鳥などをも供養する。いわば理想的な慈悲を実現することをテーマにしている。思えば我々の暮らしは、ふだんは無数の生物への「えこひいき」によって成立している。益虫は可愛がり、害虫は駆除する。それも、じつは勝手極まる「えこひいき」の理屈なのだ。しかしお盆だけは、非現実的なまでに慈悲深く過ごそうとする。しかも家族仲良く、ご先祖が心配しないほど元気に……。

考えてみると、お盆とはじつに理想の高い期間なのである。

旧暦でのお盆は必ず満月だったから、そんな非現実的な願いも実現できるような気がしたのかもしれない。

祭りは、それを鼓舞したのか、あるいは成就を祝ったのか……。

いずれにしても、夏祭りの殆んどはお盆に関係しているから、最近ご不幸があった家こそ積極的に参加しなくてはいけない。よく「喪中だから盆踊りには……」などと逡巡する人が多いのだが、喪中であればこそ、こんなに元気だと、ご先祖に示す必要があるのだ。

青森のねぶたや富山の風の盆など、是非行ってみたい祭りも各地にあるが、私は毎年お盆で忙しく、たぶん一生行けないだろう。どうか喪中の家も例年に増して元気に、私の分まで祭りを楽しんでいただきたい。

私の遺言
皆さん、長生きしてください

一休さんは大徳寺に一大事あったときに開けという遺言を残し、その際には開けるまえに山内《さんない》全員で数日の摂心《せっしん》（集中的な坐禅修行）をせよと云ったらしいが、実際その必要があって摂心をして開けると中身は白紙だったという。しかし摂心で山内はすでに和合していたから、一大事も解決していたという落ちである。

つまり摂心という集中的な坐禅修行による精進と和合こそが遺言の眼目《がんもく》だったと思えるのだが、そんな偉そうなことを私が遺言できるはずもない。

それぞれが、それぞれの人生観に従って楽しく生きていくしかないのだし、その楽しさを実現するために精進も和合もあるのだと思う。私がいなくなったことを悲しんでくれるのはマンザラでもないが、私も私でこれで終わったわけではない。

肉体という不自由な器と折り合うことに苦労し、手前勝手な目標を過大に考えて生き甲斐うんぬん云いながら生きるのは、これは多分生きている限り仕方のないことなのだと思う。全ての人生は「有為」なのである。

無為・実相の中に在り、全《まった》き自由を感じる今の心境を詳しくお報せできないのがもどかしいが、それは「いろは歌」を熟読すれば判読できるはずである。「有為の奥山」を今日越え、私は今「中陰」にいる。そしてここから自分の人生を振り返ると、それは浅い夢でも見ていたようだし、酔っていたとさえ思える。これからは「浅い夢も見るまい、酔いもするまい」と歌われるが、そんなこと宣言する必要もないくらい、私は今幸せを感じているのだ。

予想通り、百歳を超えて長生きしてしまったけれど、「有為」もそれなりに楽しいものだから、どうか皆さんも「いろは歌」を玩味しながら長生きしてください。

チベットで生まれ変わりの捜索、開始

玄侑宗久（げんゆう　そうきゅう）

一九五六（昭和三十一）年四月二十八日、福島県三春町生まれ。作家、僧侶。

二月二十日、旅先で原因不明の死を遂げる。世寿百十八歳。福聚寺第三十六世。後継住職である宗丹《そうたん》氏によれば、ここ数年は徘徊がやまず、自らはそれを「行脚《あんぎゃ》」または「遊行《ゆぎょう》」と称していたらしい。死亡日も、「どうもお釈迦さまの命日である十五日を狙っていたのではないか」と云うが、「もしかすると四十九日頃に行なわれる葬儀に、桜が満開になるのを願っていたのか」とも。いずれにしても少しずれており、以前に『文藝春秋』臨時増刊に書いた自らの寿命百二十歳には、数え年で数えても一年足りない。

二〇〇一年上半期の芥川賞を受賞。その後『アミターバ　無量光明』（新潮社）では死そのものを大胆に描いたが、晩年は書きすぎた死のことで悩んでいたらしい。原稿を依頼されても「〇（一円相）」だけを送りつけるなど、奇行も多かった。

しかし作家魂とでも云うべきか、痴呆が現れ始めると早速痴呆を題材に『ぼけきって候』を月刊『文藝春秋』に連載。全国の痴呆予備軍に光明を、と期待された。しかし担当編集者によれば「呆《あき》れている読者が大半だと思う。でも呆れることで呆《ぼ》ける予防になるのかも」とワケのわからない効果も期待されていたらしい。別な編集者は、それでも氏の執筆の全盛期が百歳以降であったことに心底呆れていた。

作品の評価は、読者が殆んど先に死んでしまったため「あの世」に持ち越されたと云うべきか。

全日本仏教会の事務局は「あと二十年早く亡くなっていたら、たいへんエライ方でした」と表明。最晩年まで元気すぎ、キリスト教やイスラム教の礼拝なども行っていたことに、暗に遺憾の意を表した。

ＡＰ伝によれば、チベットでは氏の死去を受け、早速生まれ変わりの捜索に着手。ダライ・ラマの引き立て役としてダライ・ヘマを新設し、氏の生まれ変わりの子供をその役に当てる予定という。子供を特定する決め手は、氏の左手にあった七針の縫い痕《あと》。これはキリギリスにキュウリをあげようとして切った六歳のときの傷痕らしい。捜索委員会は、あるいは氏が執筆する際に必ず机の上に置いていたモノを言い当てることでも可とする方針。

正式な葬儀はお釈迦さまの誕生日と一日違いの四月九日。場所は福聚寺。導師は天龍寺派管長猊下《げいか》の予定。当日はさまざまな宗教関係者が悲喜こもごもに集い、混乱する可能性があるため、宗丹氏は現在ご近所へのお詫びの品を選定中とか。

おしまいに――憧れの「そぞろ歩き」

「はじめに」では、散歩を楽しむつもりで読んでほしいと書いた。確かにさまざまな依頼者に応じた原稿の集合体だから、読者とすれば繁華街や住宅街、そして郊外や野原まで、見知らぬ町を散歩するような印象かもしれない。

しかし書いている本人とすれば、じつは散歩どころか宅配便の運転手のようなもの。〆切に追われて次から次に必死に書いただけで、その思考や作業は「散歩」という言葉の長閑《のどか》な気分とは程遠い。むしろ小さな目的達成の連続であり、直線がジグザグに組み合わさってたまたま散歩コースのように見えるだけなのである。

昔から、こういうものじゃない本当の散歩、「そぞろ歩き」に憧れていた。「そぞろ歩き」とは、特に目的もなくぶらぶら歩くこと。敢えて云うなら、それは偶然を楽しむ散歩、とでも云えるだろうか。最近はあまり見られないが、自足した人間社会に特徴的な風物だと思う。

世の中は、しかし偶然を省みなくなって久しい。目的や計画ばかりが重視され、未来までがシミュレーションで予測できると信じ込まれている。ＰＣやスマホの普及がそれを助長したのは間違いないが、ネット上で用いられるアルゴリズムも、我々を「こんなものが好きな」消費者と想定し、追い回す。また通信機器にも必ず「履歴」が残るため、現代人は白紙にさえ戻れない。白紙になれなければ、「そぞろ歩き」など夢のまた夢ではないか。

未来を濃密に想定され、過去も消せない、こんなに息苦しいことがあるだろうか。おそらくそれは、若者の自殺の増加にも関係しているはずだ。過去を履歴として引き摺るがゆえに一度の失敗のダメージは昔の何倍も大きく、また今後大きなハプニングが起こることも期待されない。だから生き続ける気力を失うのではないか。

しかし我々の思う「必然」とは、本当に必然なのだろうか。目的や計画を支える「合理性」とは、本当に正しいのだろうか。

お釈迦さまは「縁起の法」で、「此れ生ずるに依りて彼生ず、此れ滅するに依りて彼滅す」と、時間差のある出来事の因果関係を「異時」として認めている。しかし一方で「此れ有るとき彼有り、此れ無きとき彼無し」と、時間差のない「同時」の関係も認め、因果律（異時）では扱えないことを示された。つまり、おそらく起こるべくして「縁起」の中で起こることの半分は、合理的説明がつかないということだ。

それなら我々は、半端な因果律の認める「必然」だけに頼らず、もっと広く「偶然」こそを受容すべきではないか。我々には見えない万象の関連に、もっと謙虚であるべきではないだろうか。

ハプニングとハッピーの語幹が同じなのは、偶然を孕《はら》んで初めて人はハッピーになれる、つまりハッピーになるには思いもよらぬハプニングが必要だという啓示ではないか……。

最近めっきり聞かなくなった諺《ことわざ》に「犬も歩けば棒に当たる」がある。「棒」の意味がわからなくなったせいもあるのだろうが、これはもともと駕籠《かご》搔きの隠語で、棒の前後を担ぐ体格も気持ちもピタッと合った二人を「棒組《ぼうぐみ》」とか「相棒」と呼んだのである。つまりこの諺は、犬も出歩いていれば無二の親友に出逢えるかもしれない、だから出歩きなさい、という意味合いなのだ。

私の憧れる「そぞろ歩き」は、この犬の出歩きのようでもある。リードもなく、どこへ行ってもいいとなれば、初めは不安かもしれないが、慣れればあちこち楽しい場所も見つけ、老いらくの親友も出来るに違いない。本当は、つれづれなるままにそんなエッセイを書いてみたいのだ。

はて……、しかし世間が飼い主から離れた犬を危険視するように、依頼もない原稿をもしも私が書きつづけていれば、「アブナイ人」に見られるのだろうか。目的もなくぶらぶら街中を歩いていれば、「徘徊」と思われて連れ戻されるだろうか……。

嗚呼《ああ》、なんという世の中なのだろう。

今はまだ「そぞろ歩き」は憧れにとどめ、宅配便の空いた助手席を提供するくらいにしておこう。荷物を気にせず景色を楽しんでいただければ、それはまるで偶然に満ちた豊かな散歩。私には何らかの意味で必然だとしても、読者には偶然としか思えない景色の連なりではないだろうか。

目線の高い座席には「いま」も幅広く届き、きっと『禅のアンサンブル』も聞こえてくるに違いない。アンサンブルの原義は「調和」「統一」……、「統一」しすぎないことこそ「調和」の醍醐味ではないか。

令和五年睦月晦日　　　　　　　　　玄侑宗久　謹誌

初出一覧

一章　思いどおりにならないことを楽しむ

自律と他律　広報誌「未来創発」（野村総合研究所）二〇〇六年十一月二十五日

冬は寒いか涼しいか　「曹洞禅グラフ」（仏教企画）二〇〇五年十二月一日

五月病と阿弥陀さま　「東本願寺」二〇〇四年五月十日号

職場ストレスと般若心経　「ＰＲＥＳＩＤＥＮＴ」（中日新聞社）二〇〇六年十二月二十五日・一月十五日号

心ころころスピンも涼し　月刊「ＰＨＰ」（ＰＨＰ研究所）二〇〇六年九月九日

省エネ思想としての仏教　月刊「省エネルギー」（財団法人省エネルギーセンター）二〇〇五年八月一日

聯《いささ》か化《け》に乗ずる　「今日から悠々」（新学社）二〇〇六年一月十日

二章　自分を楽しむ

豊饒　「週刊新潮」（新潮社）二〇〇五年六月九日号

個性病から立ち直って　「朝日新聞」朝刊二〇〇四年十二月五日号

少年の神話、そして豊かな落差　「文藝春秋」二〇〇五年九月二十八日

自然のなかの私　「曹洞禅グラフ」（仏教企画）二〇〇四年九月一日

唯心の浄土　猫の浄土　月刊「浄土」（浄土宗僧侶の有志―法然上人鑽仰会）
二〇〇五年四月一日

三章　仕事を楽しむ

上機嫌な企業　広報誌「未来創発」（野村総合研究所）二〇〇五年五月二十五日

時間を作らない技術　広報誌「未来創発」（野村総合研究所）二〇〇六年五月二十五日

小さな世界　広報誌「未来創発」（野村総合研究所）二〇〇五年十一月三十日

龍のごとくに　広報誌「未来創発」（野村総合研究所）二〇〇五年八月二十五日

富士さん、来たかい？　広報誌「未来創発」（野村総合研究所）

四章　学ぶことを楽しむ

分からない命と神さまのこと　「道徳と特別活動」（文渓堂）二〇〇四年四月

ただ者でない自利利他の人　『人生百年を生ききる』松原泰道著（ＰＨＰ文庫）
二〇〇四年八月

枯淡なる大心　『Ｔｈｅ　ＣＤ　Ｃｌｕｂ』（ソニー・ミュージックダイレクト）
月刊会員誌「ＣＤクラブマガジン」二〇〇六年十一月

五章　人づき合いを楽しむ

百閒先生との上手なつきあい方　『内田百閒集成』十五巻「蜻蛉玉」（ちくま文庫）
二〇〇四年一月

本音をうるかす　月刊マンション通信誌「ＷＥＮＤＹ」（合人社計画研究所）
二〇〇六年三月十五日

水と蓮華の不可思議　「みずのわ」（前澤工業株式会社）二〇〇五年七月十五日

六章　暮らしを楽しむ

父の幻燈　「かまくら春秋」二〇〇四年一月一日

ネコとヒトの教育　「福島民報」（福島民報社）二〇〇五年二月二十日号

歴代の飼い猫たち、および犬とヒト　「ねこ新聞」（ねこ新聞社）二〇〇四年九月号

みんなでプリンを食べる勇気　「夢点々」福井県の方の個人誌二〇〇三年

Ａ少年に五百年の暗闇を　「文藝春秋」二〇〇三年九月号

七章　日本人の心を楽しむ

生き残っているか「もったいない虫」　「毎日新聞」夕刊二〇〇五年三月十日、
「同」朝刊三月十六日

なつかしき卓袱台　「北海道新聞」夕刊七月十二日号、「西日本新聞」朝刊七月二十日号
壊れゆくお正月　日本文藝家協会会報「文藝家協会ニュース」（日本文藝家協会）二〇〇五年一月号
火番　「淡交」（淡交社）二〇〇二年十二月号

八章　この世とあの世を楽しむ

色即是空　「週刊ポスト」（小学館）二〇〇六年三月三十一日号
「東洋的福祉」という提言　「東京福祉会だより」二〇〇六年三月十八日
お医者さんの「元気」と「祈り」　「日医ニュース」（日本医師会）二〇〇四年四月五日号
お盆、御霊祀り　月刊「ランティエ」（角川春樹事務所）二〇〇五年六月二十四日
私の遺言　皆さん、長生きしてください　「大法輪」（大法輪閣）二〇〇二年十二月号
チベットで生まれ変わりの捜索、開始　『私の死亡記事』文藝春秋編（文春文庫）二〇〇四年十二月六日

禅のアンサンブル

著　者　　玄侑宗久
発行者　　真船美保子
発行所　　KK ロングセラーズ
　　　　　東京都新宿区高田馬場4-4-18　〒169-0075
　　　　　電話（03）5937-6803（代）　振替 00120-7-145737
　　　　　http//www.kklong.co.jp

印刷・製本　大日本印刷（株）

ISBN978-4-8454-5174-6 Printed In Japan 2023

本書は平成19年４月に『玄侑和尚と禅を暮らす』（海竜社刊）として出版された書籍を改題改訂して新たに出版したものです。